社区书系

社区工作者常用知识
百问百答系列图书

社区未成年人保护知识百问百答

陈慧 主编

SHEQU WEICHENGNIANREN
BAOHU ZHISHI
BAIWENBAIDA

华龄出版社
HUALING PRESS

图书在版编目(CIP)数据

社区未成年人保护知识百问百答 / 陈慧主编. -- 北京 : 华龄出版社, 2021.9

ISBN 978-7-5169-2122-7

Ⅰ. ①社… Ⅱ. ①陈… Ⅲ. ①社区-未成年人保护法-中国-问答 Ⅳ. ①D922.183.5

中国版本图书馆 CIP 数据核字(2021)第 202023 号

策　　划	社区部　善爱社工	**责任印制**	李未圻
责任编辑	魏鸿鸣　李芳悦	**装帧设计**	唐韵设计

书　　名	社区未成年人保护知识百问百答	**作　　者**	陈　慧
出　　版 **发　　行**	华龄出版社 HUALING PRESS		
社　　址	北京市东城区安定门外大街甲 57 号	**邮　　编**	100011
发　　行	(010)58122255	**传　　真**	(010)84049572
承　　印	三河市腾飞印务有限公司		
版　　次	2022 年 3 月第 1 版	**印　　次**	2022 年 3 月第 1 次印刷
规　　格	710mm×1000mm	**开　　本**	1/16
印　　张	12	**字　　数**	130 千字
书　　号	ISBN 978-7-5169-2122-7		
定　　价	48.00 元		

“社区工作者常用知识百问百答系列图书”编委会

主　编:陈　慧

副主编:赖新成　李　松

编　委:肖春华　顾飞龙　游俊伟　高德平

张云东　夏宝华　梅管琳　邱尹存

苗默默　钱　磊　刘国栋　罗子文

张永乐　周　超　李晓莹　何锡森

为社会基层治理服务，打造社区所需的精品图书
——华龄出版社“社区书系”倾情奉献

“社区书系”是为适应新时代基层社会治理需要，深入贯彻党的十九届四中全会、五中全会关于“构建基层社会治理新格局”“社会治理特别是基层治理水平明显提高”的重要部署，落实习近平总书记关于“建立一支素质优良的专业化社区工作者队伍”的指示要求而策划编写的，旨在为社区工作人员提供系统的社区工作理论和方法指导，提高社区工作者的理论素养和工作能力，推进社区治理体系与治理能力现代化。

“社区书系”是一个融图书、视频、服务为一体的新型复合出版工程，内容体系包括三个方面：

纸质图书　通过纸质图书阅读，为社区工作者提供系统的理论和方法指导。

线上课程　通过视频课程、网络直播课程，深化重点知识，解读难点知识。

专家服务　通过线下培训、现场诊断等，解决社区工作中存在的问题症结。

华龄出版社是中国老龄协会主管主办的中央部委出版社，为出版“社区书系”专门成立了“社区部”，全面统筹谋划出版。“社区书系”计划出版图书200种，覆盖社区工作各个方面，现面向全国诚邀熟悉社区工作的专家、学者加盟“社区书系”出版计划，一起为中国社区的发展繁荣出一份力！

社区视频培训讲座

前言

社区是城市建设的重要组成部分，也是广大居民群众生活的地方。2020年，习近平总书记在吉林考察时强调，推进国家治理体系和治理能力现代化，社区治理只能加强、不能削弱。社区工作人员在社区治理中直面人民群众，需要时刻联系广大社区居民，协助党和政府做好社区的各种管理与服务。可以说，社区工作人员素质的高低，将决定我国未来社会治理水平的高低。

由于社区工作涉及领域十分广泛，工作任务繁杂琐碎，社区工作者需要了解和掌握很多领域的知识，熟悉一系列最新的政策、法规，掌握一系列行之有效的工作流程、方法，才能够胜任新时代的社区工作。当前，相关领域知识的欠缺、工作能力的不足是很多社区工作者存在的主要问题，缺少高素质的社区工作人员队伍是社区治理现代化面临的重要问题。正是基于这样的分析判断，华龄出版社为了助力建设美好社区，解决当前和今后一个时期社区工作者的迫切需求，提高社区工作者的知识素养和工作能力，推进社区治理能力和治理水平现代化，特别成立了“社区部”，推出了“社区书系”中的一个分系：社区工作者常用知识百问百答系列图书。

该系列图书选取了社区工作非常重要的十个领域——平安建设、政策法律宣传、未成年人教育保护、社会救助、突发事件处理、邻里关系处理、社区养老、婚姻家庭、居民防骗、公益慈善等，从每个领域中精选出

100多个常见的问题，以问答的形式呈现出来，并进行科学的分类，便于社区工作者学习参考，学有所用，工作起来更加得心应手。

“社区工作者常用知识百问百答系列图书”有以下几个特点：

1. 内容丰富，知识全面

内容涉及平安建设、政策法律宣传、未成年人教育保护、社会救助、突发事件处理等十大社区工作的重要领域，涵盖了这些领域的一般常识和重要知识。这些知识都是社区工作者需要了解和掌握的。

2. 体例新颖，分类科学

将重要的知识点以问答形式呈现出来，并按照细分工作领域和知识类型将这些问题进行了细致的分类，帮助读者梳理和建构知识架构；还设置有“知识链接”环节，进一步拓宽知识面，帮助读者加深了解和掌握。

3. 专家团队，倾力打造

本系列图书由著名社会学家陈慧教授领衔主编，众多社会学专家、学者、资深图书编辑组成了庞大的编写团队，确保图书内容权威、理念先进、思想前卫，切中了当前社区工作中的问题和广大社区工作者的迫切需求。

4. 通俗易懂，实用性强

图书语言通俗易懂，内容深入浅出，学习阅读毫无压力。书中引用了大量最新的政策、法规，不光有知识理论，还有丰富的案例和工作方法指导，具有很强的实用性，对新时代社区工作具有很强的指导作用。

本系列图书融知识性、可读性和实用性于一体，是一套便于社区工作者进行知识查阅、指导社区工作者做好社区工作的必备工具书，有助于提高社区工作者的知识素养和能力水平。由于时间和能力有限，书中难免存在不足之处，敬请广大读者批评指正。

编　者

目 录

第八章　特殊儿童保护 …… 153

第一章　家庭保护

1. 什么是未成年人？

我国法律规定，未满十八周岁的公民即是未成年人，十八周岁以上的自然人为成年人。

关于成年人和未成年人行为能力的规定如下：

成年人为完全民事行为能力人，可以独立实施民事法律行为。十六周岁以上的未成年人，以自己的劳动收入为主要生活来源的，视为完全民事行为能力人。

八周岁以上的未成年人为限制民事行为能力人，实施民事法律行为由其法定代理人代理或者经其法定代理人同意、追认；但是，可以独立实施纯获利益的民事法律行为或者与其年龄、智力相适应的民事法律行为。

不满八周岁的未成年人为无民事行为能力人，由其法定代理人代理实施民事法律行为。

知识链接

“未成年人”是法律设定的概念，指法律根据一定的年龄而规定的行为能力受到限制或者无行为能力的人。各国法律对成年年龄的规定不同。我国的法定成年年龄为十八周岁，因此，在我国未成年人就是指十八周岁以下的公民。《中华人民共和国未成年人保护法》第二条规定：

“本法所称未成年人指不满十八周岁的公民。”由此可见，从刚出生的婴儿到十八周岁以内的任何一个年龄层的公民，不论其性别、民族、家庭出身、文化程度如何，都属于未成年人的范围。

2. 未成年人的基本权益有哪些？

未成年人的基本权益包括生存权、发展权、受保护权、参与权等。未成年人依法平等地享有各项权利，不因本人及其父母或者其他监护人的民族、种族、性别、户籍、职业、宗教信仰、教育程度、家庭状况、身心健康状况等受到歧视。

(1)生存权。生存权指作为独立的有尊严的在社会中生活和存在的权利。生存权是未成年人最基本的权利，国家保障每个未成年人平等的生存权利，禁止对未成年人实施家庭暴力，禁止虐待、遗弃未成年人，禁止溺婴和其他残害婴儿的行为，不得歧视女性未成年人或者有残疾的未成年人。

(2)发展权。发展权指享有足以促进其生理、心理、精神、道德和社会发展的生活水平的权利。未成年人正处在生长发育的过程中，在营养、衣着和住房方面享受确保他们发展所需的生活条件是未成年人的基本权益。未成年人父母或监护人有责任在其能力和条件许可的范围内，为未成年人提供确保儿童发展所需的生活条件，政府有责任采取适当措施帮助父母或抚养人实现此项权利，并在需要时提供物质援助和资助方案。

(3)受保护权。受保护权指依法接受来自家庭、社区、社会组织和整个社会的特别保护，使其免受可能遇到的伤害、破坏或有害的影响的权利。未成年人由于正处在生理和心理成长发育的过程中，缺乏必要的自我保护和鉴别环境安全与否的能力，特别容易受到来自环境和社会的伤害，需要得到特殊的保护才能健康成长。

(4)参与权。参与权指参加各种社会生活和与自身利益相关的社会活动并通过发表言论和采取行动对其产生影响的权利。未成年人的社会参与权受法律保护，任何个人和单位不得干涉和剥夺其依法参与同其能力相适宜的社会生活和社会活动的权利。

(5)受教育权。受教育权指未成年人接受与其生理、心理发展水平相适应的教育的权利。未成年人的父母或合法的监护人应当尊重未成年人受教育的权利，必须使适龄未成年人依法入学接受并完成义务教育。

知识链接

《中华人民共和国未成年人保护法》修订案经十三届全国人大常委会第22次会议表决通过，已于2021年6月1日正式施行。对未成年人的保护，从原来的家庭保护、学校保护、社会保护、司法保护“四大保护”发展为如今的“六大保护”，即家庭保护、学校保护、社会保护、司法保护、网络保护、政府保护。

3. 保护未成年人的基本原则有哪些？

保护未成年人，应当坚持最有利于未成年人的原则。处理涉及未成年人事项时，应坚持以下原则：

(1)给予未成年人特殊、优先保护；

(2)尊重未成年人人格尊严；

(3)保护未成年人隐私权和个人信息；

(4)适应未成年人身心健康发展的规律和特点；

(5)听取未成年人的意见；

(6)保护与教育相结合。

知识链接

教育和保护是未成年人保护工作的两个主旋律，二者相互结合，相辅相成，不能只讲保护，忽视教育，也不能忽视保护，只讲教育。通过对未成年人的教育，可以使未成年人的身心得到发展，促使其完善，大大增强抵御外界侵害的能力，实现自我保护。但是，教育不等同于对未成年人的保护，也不能取代对未成年人的保护。在对未成年人进行教育的同时，还需要全社会给予未成年人保护。要把保护措施和教育措施有机地结合起来，融保护于教育之中，在保护中加强教育，切实贯彻教育与保护相结合的原则。

4. 父母或监护人应当怎样教育未成年人？

关于未成年人的家庭教育，《中华人民共和国未成年人保护法》第二章第十五条作出如下规定：

未成年人的父母或者其他监护人应当学习家庭教育知识，接受家庭教育指导，创造良好、和睦、文明的家庭环境。共同生活的其他成年家庭成员应当协助未成年人的父母或者其他监护人抚养、教育和保护未成年人。

国家以法律的形式明确了未成年人的父母或者其他监护人学习家庭教育知识的必要性，确立了家庭教育指导的法律地位，也表明重视和发展家庭教育，提高家庭教育指导水平是社会发展的大势所趋。

知识链接

家庭是人生的第一所学校，家长是孩子的第一任老师。家庭教育是一切教育的基础，具有非常重要的意义。家庭教育的主动权掌握在家长手里，家长具有很大的自主性，教育内容、教育方式有较大的随意性，教育质量受家长素质的影响很大。现实中，很多家长对孩子的教育存在问题，出现众多偏差。因此，家长或监护人应当肩负起引导孩子的责任，努力学习现代教育理念、科学的教育方法，掌握家庭教育的特点与规律，积极营造良好的亲子关系，实施良好的家庭教育。

5. 未成年人的父母或监护人应履行哪些职责?

未成年人的父母或者其他监护人应当履行下列监护职责:

(1)为未成年人提供生活、健康、安全等方面的保障;

(2)关注未成年人的生理、心理状况和情感需求;

(3)教育和引导未成年人遵纪守法、勤俭节约,养成良好的思想品德和行为习惯;

(4)对未成年人进行安全教育,提高未成年人的自我保护意识和能力;

(5)尊重未成年人受教育的权利,保障适龄未成年人依法接受并完成义务教育;

(6)保障未成年人休息、娱乐和体育锻炼的时间,引导未成年人进行有益身心健康的活动;

(7)妥善管理和保护未成年人的财产;

(8)依法代理未成年人实施民事法律行为;

(9)预防和制止未成年人的不良行为和违法犯罪行为,并进行合理管教;

(10)其他应当履行的监护职责。

知识链接

《中华人民共和国民法典》关于未成年人的父母或监护人履行职责的规定:

第三十四条

监护人的职责是代理被监护人实施民事法律行为,保护被监护人的人身权利、财产权利以及其他合法权益等。

监护人依法履行监护职责产生的权利，受法律保护。

监护人不履行监护职责或者侵害被监护人合法权益的，应当承担法律责任。

因发生突发事件等紧急情况，监护人暂时无法履行监护职责，被监护人的生活处于无人照料状态的，被监护人住所地的居民委员会、村民委员会或者民政部门应当为被监护人安排必要的临时生活照料措施。

第三十五条

监护人应当按照最有利于被监护人的原则履行监护职责。监护人除为维护被监护人利益外，不得处分被监护人的财产。

未成年人的监护人履行监护职责，在作出与被监护人利益有关的决定时，应当根据被监护人的年龄和智力状况，尊重被监护人的真实意愿。

成年人的监护人履行监护职责，应当最大程度地尊重被监护人的真实意愿，保障并协助被监护人实施与其智力、精神健康状况相适应的民事法律行为。对被监护人有能力独立处理的事务，监护人不得干涉。

6. 父母或监护人被禁止的事项有哪些？

未成年人的父母或者其他监护人不得实施下列行为：

(1)虐待、遗弃、非法送养未成年人或者对未成年人实施家庭暴力；

(2)放任、教唆或者利用未成年人实施违法犯罪行为；

(3)放任、唆使未成年人参与邪教、迷信活动或者接受恐怖主义、分裂主义、极端主义等侵害；

(4)放任、唆使未成年人吸烟（含电子烟）、饮酒、赌博、流浪乞讨或者欺凌他人；

（5）放任或者迫使应当接受义务教育的未成年人失学、辍学；

（6）放任未成年人沉迷网络，接触危害或者可能影响其身心健康的图书、报刊、电影、广播电视节目、音像制品、电子出版物和网络信息等；

（7）放任未成年人进入营业性娱乐场所、酒吧、互联网上网服务营业场所等不适宜未成年人活动的场所；

（8）允许或者迫使未成年人从事国家规定以外的劳动；

（9）允许、迫使未成年人结婚或者为未成年人订立婚约；

（10）违法处分、侵吞未成年人的财产或者利用未成年人牟取不正当利益；

（11）其他侵犯未成年人身心健康、财产权益或者不依法履行未成年人保护义务的行为。

知识链接

《中华人民共和国刑法》第二百六十条规定：对未成年人、老年人、患病的人、残疾人等负有监护、看护职责的人虐待被监护、看护的人，情节恶劣的，处三年以下有期徒刑或者拘役。

《中华人民共和国民法典》第三十四条规定：监护人不履行监护职责或者侵害被监护人合法权益的，应当承担法律责任。第三十六条规定：监护人实施严重损害被监护人身心健康的行为，实施严重侵害被监护人合法权益的其他行为，人民法院根据有关个人或者组织的申请，撤销其监护人资格。

7. 生活中，父母或监护人的义务有哪些？

未成年人的父母或者其他监护人应当为未成年人提供安全的家庭生活环境，及时排除引发触电、烫伤、跌落等伤害的安全隐患；采取配备儿童安全座椅、教育未成年人遵守交通规则等措施，防止未成年人受到交通事故的伤害；提高户外安全保护意识，避免未成年人发生溺水、动物伤害等事故。

未成年人的父母或者其他监护人应当根据未成年人的年龄和智力发展状况，在作出与未成年人权益有关的决定前，听取未成年人的意见，充分考虑其真实意愿。

未成年人的父母或者其他监护人发现未成年人身心健康受到侵害、疑似受到伤害或者其他合法权益受到侵犯的，应当及时了解情况并采取保护措施；情况严重的，应当立即向公安、民政、教育等部门报告。

知识链接

身体本身的存在和生命的延长是一切社会活动的基础。据统计，我国每年有近 2 万名 14 岁以下的未成年人非正常死亡；近 50 万名未成年人受到车祸、中毒、溺水、触电、他杀等意外伤害；有 15%的未成年人有心理异常表现；有 10.5%的学生面临校园暴力。20 世纪 90 年代以来，意外伤害更成为 14 岁以下未成年人生命安全的“第一杀手”，每年因意外丧生的未成年人，占该年龄段总死亡人数的 31.3%，是发达国家的 3～11 倍。这说明未成年人的生命安全必须通过家庭、学校、政府、法律等多个方面加强保障，且刻不容缓。

8. 父母或监护人不能履责时，可以采取哪些措施？

未成年人的父母或者其他监护人不得使未满八周岁或者由于身体、心理原因需要特别照顾的未成年人处于无人看护状态，或者将其交由无民事行为能力、限制民事行为能力、患有严重传染性疾病或者其他不适宜的人员临时照护。需要注意的是，未成年人的父母或者其他监护人不得使未满十六周岁的未成年人脱离监护单独生活。

未成年人的父母或者其他监护人因外出务工等原因在一定期限内不能完全履行监护职责的，应当委托具有照护能力的完全民事行为能力人代为照护；无正当理由的，不得委托他人代为照护。

未成年人的父母或者其他监护人在确定被委托人时，应当综合考虑其道德品质、家庭状况、身心健康状况、与未成年人生活情感上的联系等情况，并听取有表达意愿能力的未成年人的意见。

知识链接

《中华人民共和国民法典》第三十四条规定：因发生突发事件等紧急情况，监护人暂时无法履行监护职责，被监护人的生活处于无人照料状态的，被监护人住所地的居民委员会、村民委员会或者民政部门应当为被监护人安排必要的临时生活照料措施。

9. 哪些人不能作为未成年人的被委托人？

具有下列情形之一的，不得作为未成年人的被委托人：

(1)曾实施性侵害、虐待、遗弃、拐卖、暴力伤害等违法犯罪行为；

(2)有吸毒、酗酒、赌博等恶习；

(3)曾拒不履行或者长期怠于履行监护、照护职责；

(4)其他不适宜担任被委托人的情形。

知识链接

把未成年人委托给有过性侵、遗弃、拐卖等违法犯罪行为的人照护，未成年人的人身安全得不到保障。把子女交给有吸毒、酗酒等恶习的人照护，子女耳濡目染容易养成不良的生活习惯。

如果一个人曾经对自己的子女不履行或者长期怠于履行监护职责，或者对曾经委托给他照护的未成年人不履行照护职责，表明该人缺乏责任心，主观上不愿意为未成年人的成长付出精力。把未成年人委托给这类人照护，他们很可能重蹈覆辙，不履行相关的照护义务，不利于未成年人的健康成长。

10. 父母或监护人将未成年人委托照护时，需要注意什么？

未成年人的父母或者其他监护人应当及时将委托照护情况书面告知未成年人所在学校、幼儿园和实际居住地的居民委员会、村民委员会，加强和未成年人所在学校、幼儿园的沟通；与未成年人、被委托人至少每周联系和交流一次，了解未成年人的生活、学习、心理等情况，并给予未成年人亲情关爱。

未成年人的父母或者其他监护人接到被委托人、居民委员会、村民委员会、学校、幼儿园等关于未成年人心理、行为异常的通知后，应当及时采取干预措施。

知识链接

根据《中华人民共和国未成年人保护法》，委托照护的被委托人应当具有照护能力，这意味着一个合格的被委托人不能对留守儿童放任自流，只知溺爱而不知管教。同时，留守儿童的父母等监护人不能将委托照护当作"甩锅照护"，应定期与留守儿童联系交流，全面了解其生活、学习、心理状况等情况，予以亲情关爱，缓解其因为留守所导致的心理问题，让留守儿童健康成长。

11. 父母离婚时，未成年人有哪些权利？

未成年人的父母离婚时，应当妥善处理未成年子女的抚养、教育、探望、财产等事宜，听取有表达意愿能力未成年人的意见。不得以抢夺、藏匿未成年子女等方式争夺抚养权。

另外，未成年人的父母离婚后，不直接抚养未成年子女的一方应当依照协议、人民法院判决或者调解确定的时间和方式，在不影响未成年人学习、生活的情况下探望未成年子女，直接抚养的一方应当配合，但被人民法院依法中止探望权的除外。

知识链接

父母应当根据未成年人的年龄和智力发展状况，在作出与未成年人权益有关的决定前，听取未成年人的意见，充分考虑其真实意愿。父母选择离婚，关系到未成年人成长的家庭生活环境的重大变化，而离婚后跟父亲或者母亲生活，对于未成年人今后的生活、学习等也会产生重大的影响。父母无论是在作出离婚决定时，还是在协商具体离婚事宜时，都应当根据未成年人的年龄、社会经验、认知能力和判断能力等，征求未成年人的意见，尊重未成年人的意愿。未成年人也有权利表达自己的真实想法，选择与父亲或者母亲共同生活。

12. 哪些人或组织可以作为送养人？

下列个人、组织可以作为送养人：

(1)孤儿的监护人；

(2)儿童福利机构；

(3)有特殊困难无力抚养子女的生父母。

未成年人的父母均不具备完全民事行为能力且可能严重危害该未成年人的，该未成年人的监护人可以将其送养。另外，监护人送养孤儿的，应当征得有抚养义务的人同意。有抚养义务的人不同意送养、监护人不愿意继续履行监护职责的，应当依照《中华人民共和国民法典》的规定另行确定监护人。生父母送养子女，应当双方共同送养。生父母一方不明或者查找不到的，可以单方送养。

知识链接

父母对子女有抚养教育的义务，这种义务在通常情况下是不能免除的，但如果父母确实有特殊困难（如重疾、高残、丧失劳动能力又无经济来源等情况）无力承担抚养义务，法律允许生父母将自己的子女送养他人。根据《中华人民共和国民法典》的规定，生父母送养子女时，无论双方是否离婚，都必须共同送养；除因生父母一方下落不明或者查找不到时，才允许单方送养；生父母一方死亡的，生存方可单方送养。

13. 未成年人被收养的条件有哪些?

因收养而成立的法律关系称为收养关系。收养指公民依照法律规定的条件和程序领养他人子女为自己子女,从而使原本没有父母子女关系的当事人之间产生法律抑制的父母子女关系的民事法律行为。我国2020年颁布的《中华人民共和国民法典》,重新修订了关于收养关系方面的法律法规。未成年人被收养的条件如下:

(1)丧失父母的孤儿;

(2)查找不到生父母的未成年人;

(3)生父母有特殊困难无力抚养的子女。

知识链接

"丧失生父母的孤儿",应理解为生父母已经死亡或被宣告死亡的未满18周岁的未成年人。

"查找不到生父母的未成年人",分为两类:一类是被遗弃且查找不到生父母的未成年人,另一类是被拐获救且查找不到生父母的未成年人。

"生父母有特殊困难无力抚养的子女",指生父母因身体健康原因、经济原因无力抚养的子女。

14. 收养未成年人需要哪些条件？

成为收养人需要满足以下条件：

(1)无子女或者只有一名子女；

(2)有抚养、教育和保护被收养人的能力；

(3)未患有在医学上认为不应当收养子女的疾病；

(4)无不利于被收养人健康成长的违法犯罪记录；

(5)年满三十周岁。

需要注意的是，无子女的收养人可以收养两名子女；有子女的收养人只能收养一名子女。有配偶者收养子女，应当夫妻共同收养。无配偶者收养异性子女的，收养人与被收养人的年龄应当相差四十周岁以上。

收养人收养与送养人送养，均应遵循双方自愿原则。收养八周岁以上未成年人的，应当征得被收养人的同意。收养应当向县级以上人民政府民政部门登记，收养关系自登记之日起成立。收养查找不到生父母的未成年人的，办理登记的民政部门应当在登记前予以公告。收养人、送养人要求保守收养秘密的，其他人应当尊重其意愿，不得泄露。

另外，《中华人民共和国民法典》还规定，收养应当遵循最有利于被收养人的原则，保障被收养人和收养人的合法权益。禁止任何人借收养名义买卖未成年人。

知识链接

收养同时具有拟制和解销效力，收养生效后，生父母不再承担对子女的抚养、教育和保护义务，子女无法从生父母处获得照顾和生活来源。养父母成为子女的法定代理人和监护人，全面承担起父母对子女的监护

义务。因此,养父母必须具有抚养、教育和保护养子女的能力。具体包括以下几个方面:

第一,养父母必须具有稳定的住所和收入来源,能够负担起养育子女所需支付的各项费用,包括基本生活费用和教育费用等;

第二,养父母应具有高尚的道德情操,有利于培养教育养子女形成健全的人格;

第三,养父母应从情感上能够给予养子女关心与爱护,使养子女在温暖的家庭环境中健康成长。

15. 在财产继承中,如何保护未成年人的权益?

根据继承人继承遗产的方式,继承可分为法定继承和遗嘱继承。法定继承是对遗嘱继承的对称,是指按照法律规定的继承人范围、继承顺序等进行遗产继承的一种继承方式。遗嘱继承是指继承人按照被继承人的合法有效的遗嘱继承被继承人的一种继承方式。《中华人民共和国民法典》规定:继承开始后,按照法定继承办理;有遗嘱的,按照遗嘱继承或者遗赠办理;有遗赠扶养协议的,按照协议办理。继承开始后,继承人放弃继承的,应当在遗产处理前,以书面形式作出放弃继承的表示;没有表示的,视为接受继承。受遗赠人应当在知道受遗赠后六十日内,作出接受或者放弃受遗赠的表示;到期没有表示的,视为放弃受遗赠。

继承开始后,遗产先由第一顺序继承人继承,没有第一顺序继承人或第一顺序继承人放弃继承权或丧失继承权而全部不能继承时,由第二顺序继承人继承。第一顺序的范围包括配偶、子女、父母,第二顺序的范围包括兄弟姐妹、祖父母、外祖父母。继承开始后，由第一顺序继承人继承，第二顺序继承人不继承；没有第一顺序继承人继承的，由第二顺序继承人继承。此处所称子女，包括婚生子女、非婚生子女、养子女和有扶养关系的继子女。

需要注意的是，涉及遗产继承、接受赠与等胎儿利益保护的，胎儿视为具有民事权利能力。但是，胎儿娩出时为死体的，其民事权利能力自始不存在。

知识链接

法律保护未成年人的继承权，具体体现在以下方面：

(1)在法定继承中依法对未成年人的继承份额予以特殊照顾，因为未成年人没有独立的生活来源，不具有成年人一样的劳动能力。为了维持其生活和保障其健康成长，一般在分配遗产的份额时，都要予以适当照顾。适当照顾的标准，应以未成年人的实际需要和当地群众的一般生活水平来决定。

(2)在遗嘱继承中，依法保护未成年人的继承权。被继承人生前以遗嘱方式处分财产的，应对未成年人保留必要的遗产份额。对于以遗嘱剥夺未成年法定继承人应当继承的遗产份额的，应当宣告遗嘱无效或者部分无效，保证未成年继承人相应的遗产继承份额。

(3)以强制力确保未成年人的合法继承权。对于侵犯未成年人继承权的行为，涉及未成年人继承权的纠纷案件，受诉法院应当在查清事实的基础上，正确适用法律，依法作出判决。在其他当事人不履行判决内容的情况下，人民法院可依申请依法强制执行，确保未成年人合法继承权的享有和实现。

(4)父母离婚后，未成年子女仍然依法享有对父母双方的遗产继承权，且该继承权的实现受到法律的保障。

第二章　学校保护

16. 学校保护未成年人应遵循哪些原则？

学校应当全面贯彻国家教育方针，坚持立德树人，实施素质教育，提高教育质量，注重培养未成年学生认知能力、合作能力、创新能力和实践能力，促进未成年学生全面发展。与此同时，学校也应建立未成年学生保护工作制度，健全学生行为规范，培养未成年学生遵纪守法的良好行为习惯。

知识链接

“学校保护”是我国新颁布的《中华人民共和国未成年人保护法》的重要内容之一。未成年人学校保护指学校应当关心、爱护、尊重学生，引导他们健康成长，使之不受到损害；安排未成年学生和儿童参加校内外的集体活动，应有利于其健康成长，防止发生人身安全事故。为了落实学校保护职责，保障未成年人合法权益，促进未成年人德智体美劳全面发展、健康成长，教育部根据《中华人民共和国教育法》《中华人民共和国未成年人保护法》等法律法规，制定了《未成年人学校保护规定》，自2021年9月1日起施行。

17. 幼儿园在保护未成年人时，应注意哪些问题？

（1）幼儿园应做好保育、教育工作，遵循幼儿的身心发展规律，实施启蒙教育，促进幼儿在体质、智力、品德等方面和谐发展。例如，接未成年人入园时，教师应从家长或司机手中接过孩子。通过晨检，送入教室。需要注意的是，入园前教师应对所有幼儿全面检查，不让幼儿带尖锐或锋利的玩具进幼儿园。另外，设计幼儿活动时，应根据其年龄阶段的特征设计，以促进幼儿的身心发展。

（2）幼儿园教职员工应尊重未成年人的人格尊严，不得随意对未成年人实施体罚、变相体罚或者其他侮辱人格尊严的行为。例如，幼儿在参与某个活动时犯错，教师应悉心指导纠正，不可大声斥责，更不可变相体罚、辱骂等。

（3）幼儿园应建立安全制度，加强对未成年人的安全教育，采取保障未成年人人身安全的各项措施。例如午休时，教师要加强巡视，随时观察幼儿午睡情况，注意幼儿睡姿，注意幼儿蒙被或被异物呛咳；对身体不适的幼儿还应特别加强观察，如有幼儿出现异样情况，要及时报告园内的保健医生。

（4）幼儿园不得在危及未成年人人身安全的校舍和其他设施、场所中进行教育教学活动。例如应加强幼儿散步、上下楼梯的护导，保证其出教室时至少有两位及以上的教师进行看护，务必确保幼儿在教师的视线范围之内。随时清点人数，以防幼儿走失。

（5）幼儿园安排未成年人参加集会、文化娱乐、社会实践等集体活动，应有利于未成年人的健康成长，防止发生人身安全事故。例如：游戏时，不在教室内追打跑闹。不把细小的物品带进教室，以防其进入幼儿口、耳、鼻中。午餐前，要排好队洗手，嘱咐幼儿不能挤、跑、抢。吃饭时，不讲话，不说笑，不打闹，避免食物进入气管，不要翘椅子，以免摔倒受伤。教师分餐时，热汤和饭菜应放在安全的地方，以免烫伤小朋友。

（6）幼儿园应根据实际需要，制定应对各种灾害、传染性疾病、食物中毒、意外伤害等突发事件的预案，配备相应设施并进行必要的演练，增强未成年人的自我保护意识和能力。例如应防止幼儿被陌生人领走及随意追逐打闹；防止幼儿擅自离园，严禁关门，不让幼儿单独留在教室。幼儿被晚接时，教师应亲自将幼儿送到家长手中，待家长出示接送卡才能接走孩子。如临时其他人来接送，更应出示接送卡，并打电话给家长确认。

知识链接

除了《中华人民共和国未成年人保护法》，教育部在 2018 年也印发了关于《新时代幼儿园教师职业行为十项准则》的通知，其中有关于幼儿保护的条款，摘录如下：

加强安全防范。增强安全意识，加强安全教育，保护幼儿安全，防范事故风险；不得在保教活动中遇突发事件、面临危险时，不顾幼儿安危，擅离职守，自行逃离。

关心爱护幼儿。呵护幼儿健康，保障快乐成长；不得体罚和变相体罚幼儿，不得歧视、侮辱幼儿，严禁猥亵、虐待、伤害幼儿。

遵循幼教规律。循序渐进，寓教于乐；不得采用学校教育方式提前教授小学内容，不得组织有碍幼儿身心健康的活动。

规范保教行为。尊重幼儿权益，抵制不良风气；不得组织幼儿参加以营利为目的的表演、竞赛等活动，或泄露幼儿与家长的信息。

18. 学校如何保障未成年人的受教育权利?

(1)学校应当保障未成年学生受教育的权利,不得违反国家规定开除、变相开除未成年学生。受教育权是法律赋予未成年人的基本权利。特别是在义务教育阶段,受教育权利的实现对未成年人一生的发展至关重要,学校必须保障未成年人受到公平、公正待遇,减少厌学、逃学、辍学行为的发生。

(2)学校应当对尚未完成义务教育的辍学未成年学生进行登记并劝返复学;劝返无效的,应当及时向教育行政部门书面报告。

知识链接

《中华人民共和国教育法》第九条规定:中华人民共和国公民有受教育的权利和义务。公民不分民族、种族、性别、职业、财产状况、宗教信仰等,依法享有平等的受教育机会。

第十九条规定:国家实行九年制义务教育制度。各级人民政府采取各种措施保障适龄儿童、少年就学。适龄儿童、少年的父母或者其他监护人以及有关社会组织和个人有义务使适龄儿童、少年接受并完成规定年限的义务教育。

19. 学校如何帮助有困难的未成年人?

(1)学校应关心、爱护未成年学生,不得因其家庭、身体、心理、学习能力等情况歧视学生。

(2)对家庭困难、身心有障碍的学生,应当主动提供关爱;对行为异常、学习有困难的学生,应耐心帮助。

(3)学校应配合政府有关部门建立留守未成年学生、困境未成年学生的信息档案,开展关爱帮扶工作。

(4)学校应及时制止严重不良行为。学校的教职工发现未成年人存在严重不良行为的,应当及时予以制止,绝不能采取"事不关己,高高挂起",或先不理睬,秋后算账的态度。

(5)学校应与学生的父母监护人配合做细致的转化工作。转化工作包含两方面的内容,一是思想教育,即对有严重不良行为的未成年人加强有针对性的道德品行、法制教育和相关教育;二是矫正未成年人的严重不良行为。转化工作切不可浮躁,要允许未成年人有反复,但转化工作不可放弃。

(6)必要时将未成年人送工读学校教育和矫治。送工读学校要经过相关申请和审批程序,并且是对原校难以管束,监护人和教师在管教方面都感到力不胜任的未成年人采取的教育和矫治措施,决不能成为学校推卸教育责任的手段。

知识链接

工读学校是为教育挽救有严重不良行为的青少年学生开办的学校,在党委领导下,以教育部门为主,共青团、公安部门积极配合举办,收容

13～17岁、有严重不良行为但并未达到违法犯罪程度的少年。这些未成年人从常规的中小学退学，或者被学校认为不宜留校学习，但不足以送少年管教所，故进入工读学校学习。工读学校的教育内容为常规学校教育、职业教育以及相应的法律道德教育。

20. 学校应从哪些方面培养未成年人？

为了促进未成年人身心健康发展，学校应从以下方面培养未成年人：

(1)学校应当根据未成年学生的身心发展特点，进行社会生活指导、心理健康辅导、青春期教育和生命教育；

(2)学校应当组织未成年学生参加与其年龄相适应的日常生活劳动、生产劳动和服务性劳动，帮助未成年学生掌握必要的劳动知识和技能，养成良好的劳动习惯；

(3)学校、幼儿园应当开展勤俭节约、反对浪费、珍惜粮食、文明饮食等宣传教育活动，帮助未成年人树立浪费可耻、节约为荣的意识，养成文明健康、绿色环保的生活习惯。

知识链接

《中华人民共和国义务教育法》规定如下：

第三十四条：教育教学工作应当符合教育规律和学生身心发展特点，面向全体学生，教书育人，将德育、智育、体育、美育等有机统一在教育教学活动中，注重培养学生独立思考能力、创新能力和实践能力，促进学生全面发展。

第三十五条：国务院教育行政部门根据适龄儿童、少年身心发展的状况和实际情况，确定教学制度、教育教学内容和课程设置，改革考试制度，并改进高级中等学校招生办法，推进实施素质教育。

学校和教师按照确定的教育教学内容和课程设置开展教育教学活动，保证达到国家规定的基本质量要求。

国家鼓励学校和教师采用启发式教育等教育教学方法，提高教育教学质量。

第三十六条：学校应当把德育放在首位，寓德育于教育教学之中，开展与学生年龄相适应的社会实践活动，形成学校、家庭、社会相互配合的思想道德教育体系，促进学生养成良好的思想品德和行为习惯。

第三十七条：学校应当保证学生的课外活动时间，组织开展文化娱乐等课外活动。社会公共文化体育设施应当为学校开展课外活动提供便利。

21. 学校如何尊重学生的个人发展？

(1)学校应当与未成年学生的父母或者其他监护人互相配合，合理安排未成年学生的学习时间，保障其休息、娱乐和体育锻炼的时间。

(2)学校不得占用国家法定节假日、休息日及寒暑假期，组织义务教育阶段的未成年学生集体补课，加重其学习负担。幼儿园、校外培训机构不得对学龄前未成年人进行小学课程教育。

(3)学校应创造一个良好的启发式环境，引导学生寻找自我，启发学生建立自我学习的动力。充分调动学校、教师、家长和学生的能量，倡导“以德育分，以德育人”的教育主张。在教育教学实践中，积极践行考试招生制度设计与评价的价值导向和人本精神，引导学生从“解题”到“解决问题”，从“做题”到“做人做事”。

另外，在实践中，学校也应强调“以德育分、以德育人”，从尊重学生个体为起点，在全校范围内建立尊重学生的氛围，尊重学生的情绪，让学生从被尊重中感受到为人的价值，继而审视自身，发现自我，意识到努力奋进对于自身的价值，成为一个真正独立学习的个体。

(4)了解学生个性特点，因材施教，分层教学。学生的差异是客观存在的，不以人的意志为转移，面对这些差异，任何整齐划一的做法注定失败。正确的选择应该是尊重差异，正确对待差异，把差异当作一种资源来开发。教师应全面观察分析每个学生，关注个体差异，保护和调动每个学生的学习兴趣和积极性，善于发现和开发学生潜在素质和闪光点，不用一种标准衡量所有学生，允许学生的发展程度和素质结构上存在差别，因势利导，创设有利于学生发挥自己特长，张扬自己个性的学习环境。

在课堂教学中，教师根据学生的不同情况实施分层教学，提出不同的要求，让每一个学生都有所发展。使各层次的学生都能在各自现有的基础上“摘取桃子”，即通过思考、解答问题有所收获，学习成绩有所提高。教师应正确把握每个学生的情况，使自己能针对不同类型的学生提出不同的目标要求，采用不同的教学方法，让每个学生都有一条合适的学习路径，不至于使低层学生因台阶过陡而滋生惧怕心理甚至失去学习信心，也不致于使高层学生因学习台阶过缓而滋生骄傲情绪甚至丧失学习兴趣，使每个学生都乐于学习，勤于钻研。让优等生“吃得饱”，中等生“吃得好”，后进生“吃得了”，使每个学生都学有所得。

(5)正确评价学生，寻找学生的闪光点。教育实践中，对学生的评价大部分还是以成绩为主，辅之以综合评价。在学校总是有一部分学生被老师、家长、同学认为是学困生。针对这种类型的学生，教师应主动找他们谈话，多鼓励，常表扬。在课堂上多说一些鼓励性话语，评价的内容尽量具体，使学生增强继续学习的动力。在进行教学时，教师可以有意识地提出一些简单的问题，以培养他们的信心，让他们品尝到成功的喜悦，让他们感到只要努力学习、方法得当、持之以恒，自己完全可以取得优异的成绩。

在课堂教学中，教师应实行鼓励性教学，注意深入浅出，设计问题简单明了，帮助学生分析问题，鼓励他们寻找答案。教师应组织学生开展课堂抢答、分组比赛、学生讲课等多种形式的活动，使学生获得学习的乐趣。教师应尽可能做到教给学生深化知识、夯实基础的方法，使其变浅学为深学；对学习勤奋、成绩优异的学生，教师则应教给他们博学多思、扩大知识面的方法，对基础薄弱、自卑感强的学生，教师应主动引导他们作出改变，引导他们改进学习的策略方法，树立学习的信心，端正学习的态度，以最大努力获得最好的成绩。

知识链接

未成年学生的学习教育应当遵循与之相适应的规律和方式方法，符合未成年人身心发展特点，既不能迟滞不前，也不能拔苗助长。现实中，一些学校占用节假日、假期，进行超前超量教学，加大学生的学习负担，短期内或许能提高学生的学习成绩，但不利于学生身心健康和长远发展。

禁止节假日补课入法，标志着有偿补课不再只是违规而是违法。虽然禁止学校在节假日补课，教育部门早就明令禁止，但由于多方面的原因，仍然有不少学校特别是高中学校为了片面追求升学率而不断违反这一规定。此次入法，表明了国家禁止有偿补课，给学生全面减负的决心。

22.学校如何保障学生的卫生、健康?

(1)学校应提供必要的卫生保健条件,健全卫生保健制度,积极防治学生的常见病、多发病和传染病。普通高等学校要设校医院或者卫生科。校医院应设保健科(室),负责师生的卫生保健工作;城市普通中小学、农村中心小学和普通中学要设卫生室并配备专职卫生技术人员;其他学校,如中专、技校、职业中学等,可根据需要配备专职卫生技术人员。

(2)学校应执行国家教育行政部门规定的课时和学业量,保证学生必要的休息时间和参加文娱、体育活动的时间,特别是不得额外增加青少年学生的学习负担。

(3)坚持对学生进行各种卫生保健教育培训,培养学生良好健康的卫生习惯。

(4)学校要创造良好的学习和课余活动的环境,不得开办污染学校环境的产业,不得安排学生从事有害于身体健康的生产劳动和其他活动,以保护学生的身体健康,不断增强学生体质。

(5)加强各类疾病的预防。学校应定期开展学生的健康体检,如果发现学生存在健康隐患问题,要及时跟踪治疗,做到有问题早发现早治疗。同时做好传染病的预防工作,将影响学生健康的危险因素尽早扼杀,保证学生的健康成长。

(6)加强学校卫生环境管理,培养学生良好的卫生习惯。开展爱国卫生运动,认真做好学校内的环境卫生,保证学生学习环境良好。班级内使用的桌椅要安全环保,教室内的人数要符合国家标准的要求。同时做好应急疏散管理,净化、绿化、美化校园环境,创建一个整洁、安全、舒适的育人环境。学校还应组织学生参与卫生清洁工作，积极宣传环境卫生的重要性，提高学生环保意识，培养学生良好的卫生习惯。

(7)展开有关学校卫生的教育活动。每周升国旗后组织的活动可以围绕学校卫生教育而开展。例如开展“一双洁净的手”主题活动，鼓励同学们养成餐前便后勤洗手的好习惯；展开“一个塑料袋的人生”主题活动，鼓励学生从自身做起爱护环境卫生，不要乱丢垃圾；开展“我是小小的环境保护者”主题活动，激发学生参与环境保护的积极性，主动担负起自己对卫生环境的保护责任。

(8)多部门联合，加强疾病防范。学校要与辖区医院加强交流合作，共同积极做好学生的疾病预防工作。在辖区卫生监督管理员的督导下，每天坚持做好学生的晨检、午检和疫情报告，如果有因为疾病请假的学生要与家长及时沟通，及时了解请假学生的诊疗情况，做好就诊记录，对患病学生的病情及时进行追踪。学校要邀请辖区的医院定期为学生做身体健康体检，还要多为学生进行卫生知识宣讲，配合疾控部门做好流感等传染病的防控。另外，还应为学生建立健康体检档案，关注其健康状况，以保证学生的健康成长。

(9)加强对学生不良习惯的检查纠正。行政值周领导和值周教师不仅是保护学校安全的成员，也是校园卫生监督员。行政值周领导和值周教师不仅要做好学生上学放学的秩序维护工作，还要做好校园护卫工作。每天要加强对班级卫生、校园餐厅卫生、校园环境卫生的检查。学校应积极努力建立无烟校园，禁烟工作要做到有规章制度，有禁烟标识，时刻有人督查，还要做到校园内无烟头，办公室桌面无烟灰缸，会议室没有烟具。值周行政领导及教师每天都应对学校和学生进行巡查，一旦发现问题，要及时做好劝导工作。

(10)对于学校的卫生检查要做好细致的记录，每周末或是定期开会将各班级、食堂、校园的卫生情况进行汇报探讨,并计入班主任老师的考核工作中。另外,教师的不良卫生行为也会影响教师年终的考核,更与年底绩效相挂钩。

(11)做好学校食堂的卫生管理工作。食物是学生获取能量和营养的途径。学校要做好营养餐的搭配与健康,禁止给在校学生提供过期变质的食品,保证食品安全,为学生的健康成长提供充足的能量。

知识链接

《学校食品安全与营养健康管理规定》关于学校保障学生食品安全与营养健康的规定如下:

学校集中用餐实行预防为主、全程监控、属地管理、学校落实的原则,建立教育、食品安全监督管理、卫生健康等部门分工负责的工作机制。

学校集中用餐应当坚持公益便利的原则,围绕采购、贮存、加工、配送、供餐等关键环节,健全学校食品安全风险防控体系,保障食品安全,促进营养健康。

学校应当按照食品安全法律法规的规定和健康中国战略要求,建立健全相关制度,落实校园食品安全责任,开展食品安全与营养健康的宣传教育。

23. 学校、幼儿园如何保证学生的日常安全?

(1)学校、幼儿园应建立相应的安全管理制度,对未成年人进行安全教育,完善相关的安保设施、配备安保人员,保障未成年人在校、在园期间的人身安全和财产安全。如建立安全工作档案,记录校园日常安全工作,落实安全责任、安全检查、安全隐患消除等情况。

(2)学校、幼儿园不得在危及未成年人人身安全、身心健康的校舍和其他设施、场所中进行教育教学活动。

(3)学校、幼儿园安排未成年人参加文化娱乐、社会实践等集体活动,应当事先检查相关场地是否存在安全隐患,加强人员安检力度,保护未成年人的身心健康,防止发生人身伤害事故。学校组织大型集体活动时,应预防出现拥挤踩踏事故。出现踩踏现象时,教师应主动维持秩序,合理安排疏散时间,分时段、分楼层地组织学生有序下楼。

(4)学校、幼儿园应建立健全校园门卫制度,严禁非教学用的易燃易爆、有毒物品、管制器具进入校园,严禁机动车辆和闲杂人员进入校园。进出校园要严格把关,严格登记、验证。门卫应认真履行职责,不能丝毫懈怠。

(5)学校、幼儿园应加强对校园基础设施的巡视检修力度。例如校园里的路灯,楼道电灯,楼梯扶手,走道栏杆等,用水、用电、用气等相关设施设备也应经常检查、维修。

(6)学校、幼儿园应强化寝管人员的职责,值班室夜间要有人值班。一旦有校园事故发生,要及时保障安全出口、通道的畅通,以便在第一时间内组织施救、疏散学生。

(7)学校、幼儿园应加强对学校食堂食物质量的检测力度。所有关于学校食堂食材的采购、流通等都应逐一登记,做好饭菜的留验和记录工作。

(8)学校、幼儿园应正确保管学校实验室的危险化学物品、放射性物质等,应存放在安全地方,不能让学生接触或带出实验室。

(9)学校、幼儿园应建立学生健康信息档案,及时汇集学生真实的个人健康信息。针对有先天性疾病、特异体质情况的学生,学校应给予特别的关照，并依法保护学生的个人隐私。

(10)学校、幼儿园应建立学生安全信息通报制。学生在校、放假、返校时间有非正常缺席或擅自离校情况，要及时通知其父母或监护人。另外，学校在管理住宿生时应实行夜间巡查、值班制度，特别要加强女生宿舍的安全管理。

(11)日常教学活动中，教师应注意将安全知识渗透到教学活动中，利用读报、放假前、开学初期、升旗活动时开展必要的安全教育，提高学生的安全意识。

(12)校园内发生安全事故及自然灾害时，学校、幼儿园应及时启动应急预案。全员参与救援、疏散、报警和上报家长及上级部门。尽力保障学生的身体健康和人身、财产安全。

知识链接

《中华人民共和国义务教育法》关于学校安全、学生安全的相关规定如下：

第二十三条：各级人民政府及其有关部门依法维护学校周边秩序，保护学生、教师、学校的合法权益，为学校提供安全保障。

第二十四条：学校应当建立、健全安全制度和应急机制，对学生进行安全教育，加强管理，及时消除隐患，预防发生事故。

县级以上地方人民政府定期对学校校舍安全进行检查；对需要维修、改造的，及时予以维修、改造。

学校不得聘用曾经因故意犯罪被依法剥夺政治权利或者其他不适合从事义务教育工作的人担任工作人员。

24.学校、幼儿园如何制定校车安全管理制度？

使用校车的学校、幼儿园应当建立健全校车安全管理制度，配备安全管理人员，定期对校车进行安全检查，对校车驾驶人员进行安全教育，并向未成年人讲解校车安全的乘坐知识，培养未成年人校车安全事故应急处理技能。具体而言，应从以下几点做起：

(1)使用专用校车的学校、幼儿园要建立以校(园)长为组长的校车安全管理工作领导小组，并指定专人具体负责学校校车的安全管理，建立健全校车安全管理制度和档案。

(2)学校要科学严密地制订本校(园)校车安全管理制度，制定学生乘车定车、定座安排表，落实班主任老师、值班值勤老师、跟车护送老师和驾驶员在校车运行安全管理工作中的岗位职责，签订责任书，做到职责明确、分工到人。

(3)学校、幼儿园每月要召开一次校车安全例会，认真研究做好校车师生接送管理和确保安全运行的对策。对单位无法解决的问题，要及时报告当地人民政府和上级有关职能管理部门，会议有具体详实的文字记录。

(4)根据校车法定核载人数以及学生居住地分布等情况，认真确定每辆接送车的学生乘载数。认真填写具体的车次乘车学生名册，做到定人、定车、定座、定线路。校车接送师生线路及停靠点需经县交管部门审批，禁止在批复以外的线路和站点运行及停靠。

(5)校车应按规定时限参加机动车验审、交足保险并依法交纳规费，凡证照不全或有效期满后不及时补办的校车，必须停止营运。

(6)学校、幼儿园应对班主任、跟车护送老师、驾驶员每学期组织进行不少于两次校车安全培训教育，教育培训应有图文资料记载。

(7)校车出行前必须对车辆性能进行认真的安全检查，做好检查记录，及时排除安全隐患。因发生故障一时无法排除时，校车必须停运并及时将信息告知学生家长。同时，作好学生护送工作，确保学生上(放)学安全。严禁校车驾驶人员带病运行。

(8)学校、幼儿园要提前合理编排好学生接送车辆老师跟车护送值班表，确保每天学生上(放)学乘车途中都有一名责任心强的老师负责维护上下车秩序，并跟车全程护送。跟车护送记录必须在本人完成接送任务亲笔签字后方可交接，要做到前后衔接，一张不缺。

(9)学校、幼儿园要建立健全校车安全管理台帐，尤其要完善校车车况安全检查、行驶、学生乘车、接送管理制度等台帐资料，保证学生、驾驶员、跟车教师、接送车等每天都有详实的乘驾记录。

(10)学校、幼儿园应设有场地开阔、路面平坦坚固、进出方便、标志鲜明、安全稳靠的校车专用停放场所，并明确每一辆校车相对固定的停放地。

(11)学校、幼儿园一旦发现有拼装车、报废车、农用车、电瓶车、摩托车、小面的等不合法或不具备接送学生资质的车辆运载学生，要劝诫学生拒乘并立即报告当地政府和有关职能部门依法查处取缔。

(12)学校、幼儿园应认真制定突发事故应急预案。学校、幼儿园要针对接送学生校车途中可能发生的情况提前制订应急处置预案，确保一旦发生事故，能在最短的时间里最有效地组织抢救并进行善后处理。在第一时间内向当地政府、上级主管部门和职能部门上报事故情况，以便各级形成合力，共同应对突发事件，降低事故损害，保持社会稳定。

(13)遭遇恶劣天气，学校、幼儿园应采取停课、调整上课时间等措施，确保安全，并告知学生家长，校车停运。

(14)严禁租用、租借校车。严禁将校车用作其他用途。学校(幼儿园)放假期间,校车要停运保养,禁止将校车用于其他用途。

(15)按照“一人一车一档”要求健全校、全园校车档案,并按时整理更新上报乡镇中心学校、县教育局和县交警部门备案。同时自觉接受当地政府及相关部门的检查指导,并对存在的问题及时整改。

知识链接

为了加强校车安全管理,保障乘坐校车学生的人身安全,国务院于2012年4月5日发布实施《校车安全管理条例》,对于校车管理作了详细规定。

25. 学校、幼儿园如何提高未成年人的安全意识?

(1)学校、幼儿园应当根据需要,制定应对自然灾害、事故灾难、公共卫生事件等突发事件和意外伤害的预案,配备相应设施并定期进行必要的演练,帮助学生提高逃生能力。

(2)未成年人在校内、园内或者本校、本园组织的校外、园外活动中发生人身伤害事故的,学校、幼儿园应当立即救护,妥善处理,及时通知未成年人的父母或者其他监护人,并向有关部门报告。

(3)对于未成年人,学校、幼儿园应传授一些安全知识,例如家用电器的使用和安全注意事项等。未成年人出门时,应嘱咐其遵守交通规则;上学放学时要与同学结伴同行,不要随便与陌生人搭话或吃陌生人给的食物;注意保护自己的身体,不能让硬物、锐器损伤身体任何部位等。另外,教授给学生意外发生时的应急措施,使学生懂得应急的必要措施,例如煤气泄漏时要先切断气源开窗通风,千万不能马上开灯、打电话、关电子打火开关，否则会引起爆炸；遇到意外，要在第一时间内打报警电话，如110、119等；懂得一些基本医学知识，如急救止血的方法；如果被陌生人强行拐走，要学会寻找机会求助当地公安机关、政府部门等，及时逃脱。

知识链接

《未成年人学校保护规定》第七条规定：

学校应当落实安全管理职责，保护学生在校期间人身安全。学校不得组织、安排学生从事抢险救灾、参与危险性工作，不得安排学生参加商业性活动及其他不宜学生参加的活动。

26. 如何防止在校未成年人参与商业活动？

(1)学校、幼儿园不得安排未成年人参加商业性活动，不得向未成年人及其父母或者其他监护人推销或者要求其购买指定的商品和服务。学校、幼儿园不得与校外培训机构合作为未成年人提供有偿课程辅导。

(2)学校、幼儿园应当落实安全管理职责，不得组织、安排学生从事抢险救灾或者商业性活动，不得安排学生参与有毒、有害的危险性工作以及其他不宜学生参加的活动。

(3)学生在校内及园内或者本校组织的校外活动中发生人身伤害事故的，学校应当立即救护，妥善处理，及时通知学生父母或者其他监护人；情形严重的，应当及时向有关部门报告，并在第一时间内进行及时抢救护理。

知识链接

《教育部办公厅关于严禁商业广告、商业活动进入中小学校和幼儿园的紧急通知》规定如下：

各地教育行政部门要建立各类“进校园”活动备案审核制度，对活动内容、具体方案、举办单位和参加人员等进行严格把关。对于各类进入校园或组织中小学生、在园幼儿参加的活动，由县级及以上教育行政部门进行审批，实行备案管理。凡未经批准的活动，一律禁止进入校园或组织中小学生、在园幼儿参加。对于经审批进入校园或组织中小学生、在园幼儿参加的活动，县级及以上教育行政部门要明确责任人负责全程监管，一经发现与审批备案情况不符，或存在发布或变相发布商业广告的行为，要立即采取措施予以制止，并第一时间报告县级及以上教育行政部门。

27. 学校、幼儿园如何应对性侵害事件？

(1)学校、幼儿园应当建立预防性侵害、性骚扰未成年人工作制度。对性侵害、性骚扰未成年人等违法犯罪行为，学校、幼儿园不得隐瞒，应当及时向公安机关、教育行政部门报告，并配合相关部门依法处理。

(2)学校、幼儿园应当对未成年人开展适合其年龄的性教育，提高未成年人防范性侵害、性骚扰的自我保护意识和能力。对遭受性侵害、性骚扰的未成年人，学校、幼儿园应当及时采取相关的保护措施。例如，教导学生在学校内或上学和回家的路上要结伴而行，不要到四周没人的地方去，千万不要为了图方便走近路；不要轻易接受陌生人或他人的饮料和食品；指导学生建立正确的性观念，任何人提出的性接触，都要断然拒绝；让学生知道身体某些部位属于个人隐私，别人是不可以随便碰触的；陌生人或熟人都可能是性侵害的加害人，应避免独自在无人的场所逗留；遇到类似问题，不要因受加害人恐吓不敢说出来，要及时向家长和可信任的成年人报告，以免造成更大的伤害。

(3)学校、幼儿园应加强教师队伍建设管理，注重师德师风教育。师德教育必须把目光投向教师的现实生活和精神世界，要对教师的生活进行规范指导。同时，学校、幼儿园要关注教师心理健康，定期对教师进行心理测试，对有问题的教师重点进行心理健康辅导。

知识链接

教育部颁发的《未成年人学校保护规定》关于预防学生性侵害的主要内容如下：

第十八条：学校应当落实法律规定建立学生欺凌防控和预防性侵害、性骚扰等专项制度，建立对学生欺凌、性侵害、性骚扰行为的零容忍处理机制和受伤害学生的关爱、帮扶机制。

第二十四条：学校应当建立健全教职工与学生交往行为准则、学生宿舍安全管理规定、视频监控管理规定等制度，建立预防、报告、处置性侵害、性骚扰工作机制。

学校应当采取必要措施预防并制止教职工以及其他进入校园的人员实施以下行为：

(一)与学生发生恋爱关系、性关系；

(二)抚摸、故意触碰学生身体特定部位等猥亵行为；

(三)对学生作出调戏、挑逗或者具有性暗示的言行；

(四)向学生展示传播包含色情、淫秽内容的信息、书刊、影片、音像、图片或者其他淫秽物品；

（五）持有包含淫秽、色情内容的视听、图文资料；

（六）其他构成性骚扰、性侵害的违法犯罪行为。

28. 学校如何防止欺凌事件的发生？

(1)学校应加强对中小学生安全防护工作的重视程度，不可将欺凌事件当作同学间的普通矛盾而马虎对待。同时应建立学生欺凌防控工作制度，对教职员工、学生等开展防治学生欺凌的教育和培训。

(2)学校对学生欺凌行为应当立即制止，通知实施欺凌和被欺凌未成年学生父母或者其他监护人参与欺凌行为的认定和处理；对相关未成年学生及时给予心理辅导、教育和引导；对相关未成年学生的父母或者其他监护人给予必要的家庭教育指导。

(3)对实施欺凌的未成年学生，学校应当根据欺凌行为的性质和程度，依法加强管教。对严重的欺凌行为，学校不得隐瞒，应当及时向公安机关、教育行政部门报告，并配合相关部门依法处理。

(4)学校应加强对学生的安全教育，让学生懂得当自己的人身安全受到伤害时，该如何采取有效行动来保护自己。中小学应配置专门的辅导教师，多多关注学生的心理健康，积极帮助思想上有困惑的学生走出困境。

(5)实行惩戒教育结合，避免校园暴力扩散成网络欺凌。学校既要做到真情关爱、真诚帮助，力促学生内心感化、行为转化，又充分发挥教育惩戒措施的威慑作用。执法部门要大力加强对欺负其他同学的学生的惩治力度，启用法律手段震慑、预防未成年人的违法行为。呼吁相关部门加强对大众传媒的督查力度，勿让某些不良风气侵入校园，污染未成年人的身心健康，保护好校园幼苗，让他们可以茁壮成长。

知识链接

校园欺凌对于被欺凌学生造成的伤害通常是身体上和心灵上受到双重创伤，并且容易留下阴影长期难以平复，也使部分受欺凌者发生恶逆变化，由受欺凌者转化为欺凌者或者欺凌者的帮凶。对于欺凌者来说，危害也显而易见，形成欺凌者道德滑坡、人格扭曲，甚至走上犯罪道路，受到刑事追究。校园欺凌已严重影响学校的整体纪律和风气，具体而言体现在以下方面：

(1)严重影响学生的正常学习。受到校园欺凌暴力侵害的学生生活在暴力的阴影当中，学习成绩容易下降严重。甚至有些学生由于受到严重伤害不得不住院治疗或者休学，正常的学习被迫中断。而对于老师实施的暴力侵害行为，一般都会导致受害学生畏惧学校，不愿上学。

(2)影响学生身心的健康发展，导致不健全人格的形成。这种危害不仅体现在受害者身上，施暴者的身心同样不能得到健康发展。对受害者而言，可能导致其缺乏信心和勇气，自卑、孤僻、偏激等。对施暴者而言，有可能导致其形成反社会人格，走上犯罪道路。

(3)破坏社会秩序，使人们对法律失去信心。尽管强调应对未成年人加强法制教育，使未成年人从小知法、守法，懂得运用法律武器保护自己，但如果这种校园欺凌的状态得不到有效改善，学生受到严重侵害而感受不到法律作用，那么不但受害者本人会对法律失去信心，就连其家人、同学等也会对法律失去信心，最终导致法律的无法施行。

29. 学校如何管理有严重不良行为的未成年人？

(1)对在学校接受教育的有严重不良行为的未成年学生，学校和父母或者其他监护人应当互相配合加以管教；无力管教或者管教无效的，可以按照有关规定将其送专门学校继续接受教育。

(2)专门学校应当对在校就读的未成年学生进行思想教育、文化教育、纪律和法制教育、劳动技术教育和职业教育；专门学校的教职员工应当关心、爱护、尊重学生，不得歧视、厌弃。

(3)教师应满腔热情地履行育人职责。对有不良行为学生的态度往往对学生的转化起决定作用。教师满腔热情地帮助学生，会激励他们朝积极向上的态度转变。如果学校为了某种荣誉或利益而歧视、排斥有不良行为的学生，极有可能造成学生厌学、逃学、辍学，削弱未成年人应付和处理矛盾冲突的能力，使他们产生“破罐破摔”的心理，助长其违法犯罪动机。而缺少有效的教育、管束，又为违法犯罪提供了机会。

(4)公平、公正地评价学生。每个学生都会有自己的长处和短处。学校公平、公正地对待每一个学生，能使学生取得心理上的平衡，按正常轨迹发展；如果只见短处看不到长处，甚至把长处也看成短处，那么就只会损害学生的自尊心，造成学生自悲、嫉妒、憎恨、报复等失衡心理，引发更严重的不良行为甚至犯罪行为。

(5)创造良好的集体环境。集体舆论、集体监督对集体中每个成员的思想行为都有着重要的促进作用。校风、班风良好，会促进学生积极向上、努力奋斗。在积极的校风、班风影响下，有不良行为的未成年人会因受到激励而进行自我改变。

(6)与未成年人父母或监护人配合做细致的转化工作。转化工作包含两方面的内容,一是思想教育,即对有严重不良行为的未成年人加强有针对性的道德品行、法制教育和相关教育;二是矫正未成年人的严重不良行为。转化工作切不可浮躁,要允许未成年人有反复,但转化工作不可放弃。

知识链接

《未成年人学校保护规定》第四十四条规定:学校可以根据实际组成由学校相关负责人、教师、法治副校长(辅导员)、司法和心理等方面专业人员参加的专业辅导工作机制,对有不良行为的学生进行矫治和帮扶;对有严重不良行为的学生,学校应当配合有关部门进行管教,无力管教或者管教无效的,可以依法向教育行政部门提出申请送专门学校接受专门教育。

30. 学校教育未成年人防止走失与拐卖的内容有哪些?

在日常的教学活动中,学校应主动为未成年人提供防止走失与拐卖的相关知识,其主要内容如下:

(1)牢记家庭信息。平时,未成年人要学会牢记家庭住址、家长姓名、联系电话、街道名称、标志性建筑等。一旦与家人走失,这些信息就显得极为重要。

(2)小心搭讪的陌生人。遇到陌生人主动搭讪或寻求帮助时,要树立自我保护意识。帮助他人的前提,是先保证自己的人身安全,不要被不法分子的求助骗局所蒙蔽。

(3)有些承诺不能信。不法分子往往利用充满诱惑的承诺欺骗未成年,比如承诺一起去游乐场、餐厅等。不可轻信甜言蜜语、不贪图便宜、不接受小恩小惠。诱人的承诺，往往意味着意想不到的危险。

(4)有些饮料不能喝。陌生人给的饮料不能喝，要学会拒绝接受任何饮料。一些犯罪分子往往会在饮料里面放入特殊药品，让食用者迅速昏迷、失去意识，实施抢劫、绑架、拐卖等违法犯罪活动。

(5)有些地方不能去。游戏厅、网吧、酒吧等经营性娱乐场所，人员庞杂、环境混乱，未成年人要主动远离这些场所，以避免发生不必要的伤害。

(6)不可轻信网友。网上交友要慎重，陌生网友勿轻信。有的未成年人喜欢在互联网上结交朋友，甚至私下与网友见面。但是，很多网友的真实身份和行为方式短时间内难以全面了解。很多犯罪分子会在网上骗取未成年人信任，然后实施诈骗、诱拐等犯罪行为。因此，和网友交流时需要保持适当的警惕。

(7)外出时一定要告诉家长。放学后或节假日与同学、朋友外出，一定要提前将时间、地点、同行人员、活动安排等相关信息告知家长或老师。如果不能按时回家，要及时打电话给家长说明情况，一方面可以减少家长的担心，另一方面如果遇到突发事件，也可以迅速得到家长的指导。

(8)危险情形下及时发出求救信息。一旦遭遇拐卖、绑架等危险情况，要运用智慧及时向外界发出求救信息，在不被歹徒发现的情况下，用一切可与外界联系的方式尽快报警。比如用小纸条向周围人暗示你的处境，故意丢弃自身物品留下破案线索，留下字迹、拨打电话、发送短信等。

(9)不随便暴露个人信息。未成年人要妥善保管好自己的学生证、身份证等重要证件，不要把原件随便交给他人，不要轻易向陌生人介绍自己的家庭、亲属和个人爱好等信息。银行卡、电子信箱、个人QQ密码更不能轻易暴露。

知识链接

我国每年都有数千名儿童失踪，被人贩子拐走。不法分子通常抓住学生年龄小、缺少防范心理、容易听信别人的特点，利用引诱等手段实施犯罪；教师、家长都应该把拐骗者的欺骗伎俩告诉学生，并教育学生如何避免被拐骗，被拐骗后如何解脱。未成年人也应该掌握防拐骗安全知识，提高警惕和分辨是非的能力，防止拐骗事件的发生。

31. 学校教育未成年人防止性侵害的内容有哪些？

随着社会的复杂化，未成年人遭遇性侵害的事件越来越多，学校应开设防止性侵害的相关公益讲座，为未成年人提供防止性侵害的应对方法，帮助未成年人提高防止性侵害的意识和能力。防止性侵害的主要内容如下：

(1)背心、短裤遮盖的地方不许别人触摸。背心、短裤遮盖的部位是每个人的隐私部位，别人是不能触摸的。如果有人触摸隐私部位，就是侵犯个人隐私，要立刻向家长和老师报告，甚至报警。

(2)不与异性有亲密举动。异性之间有纯洁的友谊，但举止往来应保持分寸，不要有搂抱、亲吻等亲密举动。一时的冲动往往意味着严重的后果，带来巨大的心理创伤或身体伤害。

(3)要坚决对肢体接触、语言挑逗等行为说“不”。未经自己允许的触摸、接触是危险的，甚至是违法的。无论什么场所，一旦有人对自己实施肢体接触、语言挑逗等行为，要坚决说“不”，并迅速离开现场，向老师、家长或者警察报告。

(4)男孩、女孩不宜长时间独处。相关统计表明，男孩、女孩在相对封闭的空间里独处时间超过半小时，发生性侵害的可能性会明显提高。无论是在学校举行的集体活动中还是私下的个人活动，异性同学最好不要在封闭的空间里长时间独处。

(5)女孩衣着打扮要得体。女孩衣着打扮要得体，尤其到了夏季要注意。奇装异服或过于暴露，会让别人误认为你是一个轻浮随意的人，会引起不怀好意的人的关注。女生衣着应坚持朴素大方，这样既是真正的美丽得体，又可显得一身正气。

(6)警惕身边"熟人"。绑架、盗窃、性侵害案件大多数是熟人作案。未成年人往往对熟人的警惕较低，实际上所谓的"熟人"最了解情况，更便于实施侵犯。对所谓的"熟人"，也应主动树立一定的自我保护意识，以防止意外侵害的发生。

(7)拉上窗帘防偷窥。在家休息、洗澡的时候，尤其是夜间，要记住拉上窗帘，防止不法分子偷窥、偷拍，要注意防范，以免对自己的正常生活产生不良影响。

(8)夏季夜晚睡觉要关窗。夏季是性侵害案件高发的季节，要格外提高警惕，不给坏人可乘之机。晚上休息睡眠前，一定要关好门窗，防止犯罪分子趁机入室，实施侵害。

(9)如果性侵发生，应迅速报警。如果性侵发生，不可隐忍，应迅速报告家长或报警。另外，应寻求生理和心理上的咨询、康复和帮助。从某个方面来说，不报警实际上是对犯罪分子的纵容，会助长其气焰，甚至会促使犯罪分子连续作案，给社会带来更大的危害。

(10)遭遇性侵后要保留物证。如果遭到性侵害，一定要保留内衣、内裤以及罪犯留下的体液、毛发等物证，并及时将其提供给警方，帮助公安机关加快破案进程，协力将犯罪分子绳之以法。

(11)遭遇性侵害后应接受医生的检查。如果遭到性侵，身体和心理可能会产生严重创伤，要及时接受医生的身体检查和心理咨询，并按照医生的建议处置。

(12)遭遇性侵后应立即寻求心理援助。性侵往往会对当事人的心理产生巨大影响，产生悲观、厌世等不良心理。遭到性侵害后，应立即寻求心理咨询和援助，使身心早日康复，不可自暴自弃。

(13)保持镇定。在与歹徒周旋的时候，应学会保持镇定、坚强、勇敢。如果内心怯懦软弱，失去保护自己的勇气，就会使歹徒更加猖狂，也无法将平时学到的自护策略发挥出最大效果。

另外，遇到性侵害时，要学会利用随身物品作为防身武器，如随身携带的钢笔、钥匙、手机等。面对短时间内无法摆脱的性侵害，首先应保持冷静，可先假意顺从，然后伺机打击歹徒身体要害部位，使其暂时失去侵犯的能力，之后迅速逃脱并报警。人体的要害包括眼睛、咽喉、心脏、裆部等。

知识链接

《未成年人学校保护规定》第四十二条规定：学校要树立以生命关怀为核心的教育理念，利用安全教育、心理健康教育、环境保护教育、健康教育、禁毒和预防艾滋病教育等专题教育，引导学生热爱生命、尊重生命；要有针对性地开展青春期教育、性教育，使学生了解生理健康知识，提高防范性侵害、性骚扰的自我保护意识和能力。

32. 学校教育未成年人报警及求救的内容有哪些？

未成年人遇到危险时，如果身边有成年人，可及时向其大声呼救；如果身边没人，应在第一时间内报警求助，报警或求助的主要方法如下：

(1)如何拨打110报警电话。可直接拨打110。报警时，讲清案发的时间、地点，自己的姓名及联系方式等。如对案发地不熟悉，可提供现场附近有明显标志的建筑物、大型场所、公交车站、单位名称等。报警后，要保护现场，以便警察取证。

(2)如何拨打119火警电话。报警时，要讲清起火的地点、火势大小、伤亡情况、姓名及联系方式等。如对案发地不熟悉，可提供现场附近具有明显标志的建筑物、大型场所、公交车站、单位名称等。

(3)如何拨打120急救电话。拨打120急救电话时，尽可能说清病人的所在地点、年龄、性别和病情，说明病人典型的发病表现，如胸痛、意识不清、呕血、呼吸困难等。同时说明病人患病或受伤的时间。如果是意外伤害，说明伤害的性质，如触电、爆炸、溺水、中毒、交通事故等。

(4)如何拨打122交通事故报警电话。拨打122交通事故报警时，要讲清事件发生的时间、地点、姓名及联系方式等。如对案发地不熟悉，可提供现场附近有明显标志的建筑物、大型场所、公交车站、单位名称等。报警后，还要尽量保护现场，以便交警取证。

(5)野外求生信号。野营是未成年人很喜欢的一项运动。参与活动前，应备齐应急物品，带好通讯联络工具以及具备一定防水性能的强光手电。夜间遇到意外情况时，可利用强光手电或通讯工具发出求救信号。

(6)在旷野迷路如何辨别方向。独立的大树朝南方向通常是枝叶茂盛、树皮光滑，朝北方向通常是树枝稀疏、树皮粗糙。建筑物和土堆等，北面积雪多融化慢，而土坑等凹陷地方则相反。我国北方庙宇、宝塔的正门和房屋的门窗多向南开放。树桩断面的年轮，一般南面间隔大，北面间隔小。

知识链接

发生危及公共安全与个人人身、财产安全的突发事件时，及时报警是每个社会成员应尽的义务。公安机关110、119、122报警服务电话已实行“三台合一”，发现治安、刑事案件，发生火灾、交通事故以及水、电、气、热等公共设施出现危及人身、财产安全的重大险情时，都可拨打110；发现有人溺水、坠楼、自杀、走失以及个人处于危险状态时，也可拨打110。110与各职能部门已建立联动机制，对各种险情都能提供救助。

33. 学校如何建立安全应急机制？

学校突发事件一般包括以下四种：

(1)自然灾害，包括地震、台风、洪水、冰雹、暴雨、山体滑坡等。

(2)事故灾难，包括火灾、校舍等教育教学设施倒塌、脱落、坠落、交通事故、游泳溺水、群体拥挤踩踏、户外集体活动发生意外等，致师生重伤、死亡。

(3)突发公共卫生事件，包括群体食物中毒、环境污染中毒、传染性疾病、群体性不明原因疾病等，致师生重伤、死亡。

(4)社会安全事件：在校师生与当地群众发生群体纠纷、学生之间较大规模的纠纷、非组织的政治性群体聚会或游行、学生自残、自杀、因教学改革或拖欠教师工资等原因引发的教职工集体上访、教师体罚等行为导致学生死亡或者致残、性侵害事件、其他严重影响学校教育教学和生活秩序的突发事件。

学校建立健全安全应急机制，是指学校要依法做好突然发生的、造成或者可能造成损害学生身心健康的公共卫生突发事件、灾害、社会安全事件等的应急处理制度，如预警机制、应急预案、快速反应机制、事后恢复机制等。从时间的角度分析，学校危机事件要遵循一个特定的进程，和其他事件一样从最初的发生发展到危机爆发、持续直至结束，有其自身的生命周期。危机管理通常是结合时间因素进行的，即根据危机自身的生命周期，将危机管理划分为不同的阶段，即事前、事中、事后三个阶段。在危机发生、发展的每一个阶段分别采取不同的应急措施和策略。

事前：积极预防，未雨绸缪

(1)建立完善预警机制。

①预测——识别学校的弱点

将危机事件的避免作为危机管理的第一阶段是危机预防最简便、最经济的办法。大多数危机在发生之前都是由一场事故、一个错误或是某些警告信号(危机警讯)作为先导的，因此危机是可预测的。学校应首先调查潜在安全隐患(弱点分析)，在调查基础上，对阶段性可能发生的各种危机事件做出预测和分析，预测内容包括多种可能发生的事件，各类事件的性质、规模，事件发生后产生的影响和范围等。尤其要注意预测最可能发生事件的时间、地点、涉及对象等，以便重点防范。如进入夏季要防溺水、防中暑；进入秋冬防流感等；春季、秋季防活动中的事故；多雨时节防食物霉变、食物中毒；周末放假时段防校外暴力事件；假后回校时防学生心理不适；干燥季节防火；学校处于高犯罪率或娱乐风化区，要预防不良分子入侵；学校建筑物老旧应加强维修与公共安全教育。

调查学校弱点，必然涉及到公众，包括学校的教职工、学生、家长以及社区工作人员等。要得到他们的帮助，可采用教职工小组会议、学生问卷、家长电话调查以及聘请专业人员帮助进行分析弱点等方法。还可以从以往发生的事故统计中，了解事故容易发生的时间、场所、气象条件等，以及容易发生事故的儿童、学生。在实践中，有的学校像设立其他活动日一样，还设立每月的“防灾检查日”，查出危险立即处理；可设立“防灾漏洞发现奖”，谁发现了漏洞，并提出了科学合理的堵塞方案，立即给予奖励。此外，要在教师、学生和管理者之间建立开放、双向的沟通渠道，使之能够进行健康的、随和的对话，以便随时发现学校班级中的弱点并加以解决。

②预警——分析学校弱点

在找出学校的弱点后，要设计预警等级及指标，做好危机事件前期的分析预报和咨询。可把学校存在的问题按顺序加以排列，以判断哪些问题被认为是潜在的危机事件。

(2)建立校园周边整治协调工作机制。学校应建立校园周边整治协调工作机制，维护校园及周边环境安全。教育、公安、司法行政、建设、交通、文化、卫生、工商、质检、新闻出版等部门应当建立联席会议制度，定期研究部署学校安全管理工作，根据《中小学幼儿园安全管理办法》的有关规定在各自的职责范围内依法维护学校周边秩序。

(3)加强安全教育，提高师生安全意识和防护能力。校园危机管理的基础环节是培养师生安全意识，提高师生自我防护、救护的知识和技能。一些教职工往往对学生危机事件抱着事不关己的态度，存着侥幸心理，从而失去发现和防范安全事件的机会。任何预兆都可能是大事件的“引爆点”。学校教职工应从其他学校的事故中积极吸取教训，树立教职工的危机管理意识，将收集到的各种事故信息整理后告诉每一位教职工，努力使全体人员避免发生类似事故。

同时，应针对不同年龄阶段学生的认知特点，在中小学深入开展形式多样、生动活泼的安全教育活动，尤其是要重点加强对低年级学生的安全知识教育，切实提高他们的安全意识和安全防护能力，使他们尽早养成自觉遵守各种安全规范的良好行为习惯。与此同时，还应实施仿真训练，尤其是一般性的灾害防救，如防火、防震、预防食物中毒等常识更应普及化，以避免灾难的发生。

(4)建立危机管理组织机构。构建学校安全工作保障体系，就应全面落实安全工作责任制和事故责任追究制，保障学校安全工作规范、有序进行。学校安全工作保障体系中最重要的是组织保障。一个学校要避免临时应变，惊慌失措，就必须成立危机管理机构，并事先演练，才能顺利运作。从危机发生之前预防及准备工作的规划、危机爆发时的紧急处理、组织、协调、联络工作，以及危机解决后恢复与重建，皆为危机管理小组所主管的工作。危机管理机构的成员应当包括可以迅速联系到的核心人员，他们拥有在任何危机情境下行动的知识和技能。这些人可以包括校长、副校长、校长助理、班主任、医生和护士、学校心理咨询教师、一个或多个精选出来的教师、学校安全保卫人员等。

(5)编制应急预案。应急预案在应急体系中起着关键作用。如果编制了明确具体的预案，一旦发生突发事件，就可根据事件类型决定采用哪一种方案去处理，由谁来指挥方案的实施，谁负责哪些具体工作，处理事故的人员具体怎么分工怎么配合，依据什么原则、采用什么方法、运用什么策略行事等。

学校往往存在多种潜在事故类型，在编制应急预案时必须进行合理策划，做到重点突出，反映出学校的主要重大事故风险，并合理地组织各类预案，避免预案之间相互孤立、交叉和矛盾。预案的分类有多种方法。比较适合学校组织预案文件体系的分类方法，是按预案的适用对象范围进行分类，可将学校的应急预案划分为综合预案、专项预案、现场预案和应急救援方案。需要注意的是，综合预案是总体、全面的预案，以场外指挥与集中指挥为主,侧重在应急救援活动的组织协调。专项预案主要针对某种特有和具体的事故灾难风险(灾害种类),如防火、救火和灾后恢复行动。现场预案则是以现场设施或活动为具体目标所制定和实施的应急预案,如针对学校组织的某项大规模的全校活动制定的应急预案。现场应急预案要具体、细致、严密。应急救援方案是针对一些单项、突发的紧急情况所设计的具体行动计划。

应急预案的内容应明确以下要点:主要负责人、参与人员、重点部位、处置对策、工作流程。虽然不同类型的预案各自所处的层次和适用的范围不同,内容在详略程度和侧重点上也会有所不同,但都可以采用相似的基本结构。应急预案的基本结构和内容一般包括以下六个方面:①总则。包括编制的目的和效果、依据、危机的分类分级、预案的适用范围、工作原则。②组织体系。应急预案的决策机构、工作机构和专家组。③运行机制。包括预测预警、应急处置(信息报告、先期处置、应急响应、应急结束)、恢复与重建(善后处置、总结经验教训、恢复形象)、信息发布。④应急保障。包括人力、物力、交通、医疗(学校所在地急救中心、主要医院等)、通讯、社会支持系统(社区、律师事务所、司法机关等)等方面的保障工作。⑤监督管理。包括有计划、有重点地对相关预案演练、宣传和培训(通过危机模拟训练,提高师生自我防护、救护的知识和技能,把潜在安全隐患告知师生,以建立安全意识,并教导其处理常识)、责任与奖惩(对应急处置工作实行责任追究制)。⑥附则。对预案管理,根据实际情况的变化,及时修订;预案的实施时间。

根据相关规定,学校、幼儿园、托儿所应在制定可行的应急预案的基础上,配备相应设施并进行必要的演练,增强未成年人的自我保护意识和能力。

事中:快速应对,控制损失

(1)先期处置,采取紧急行动控制事态蔓延。

①首先救助受伤害学生，并告知未成年学生的监护人；有条件的，应采取紧急救援等方式救助。

②保护现场、有效控制事态，防止进一步扩大。

③发生突发事件时，应阻止未成年人投入到危险场地，同时优先救护未成年人，确保其在事件中尽量处于安全境地。

④对相关事故的责任人，要在事故处理完后再追究其责任。

(2)应急响应，采取措施妥善处理危机事件。

对先期处置未能有效控制事态的危机事件，学校要从危机反应状态进入积极处理状态，及时启动相关预案。在这一阶段要遵循正确的工作程序，融积极性与规范性于一体，确保有效处理危机。

①细致调查，收集信息。要积累第一手资料。把危机发生的始末记录在案，留作证据。出现危机事件后，学校要及时组织人员进行细致调查，了解事件的各个方面，包括听取一线人员、亲历人员的汇报。汇报和调查要力求准确、全面、详尽、客观，不可隐瞒事实情节以免影响判断。在充分调查和听取有关行家意见的基础上来评估危机，给危机定性、定级，确定是否需要启动危机管理程序。

②分析研究，确定对策。在决定启动危机管理程序后，危机管理组织必须立即激活运作，根据调查的情况，进行分析、决策，针对不同的人员确立相应的对策，制定消除危机影响的方案。在这个环节中，最重要的工作就是对危机影响到的各个方面的人员采取相应的对策。

事后：认真总结，查漏补缺

(1)总结经验，获取经验。危机是一面镜子。在危机处理过程中，学校会发现一些平时隐藏的问题。其中有些是制度性的，有的则是人为因素造成。随着各种安全事件的出现，这些问题逐渐暴露，而且会带出一些与事件无关却很重要的问题。学校应当通过分析问题,从中总结安全管理的经验,以避免重蹈覆辙。

(2)恢复管理。危机过后,学校应尽快恢复正常的秩序。对于学校来说,将面临学业补偿、恢复正常教学进度、学校重建等一系列问题。学生受到的伤害尤其是心理伤害需要请相关心理专家辅导以尽快抚平。对恢复工作需要科学规划,把握最好的时机做好恢复工作。

知识链接

教育部颁发的《未成年人学校保护规定》第二十九条规定:学校应当建立健全安全风险防控体系,按照有关规定完善安全、卫生、食品等管理制度,提供符合标准的教育教学设施、设备等,制定自然灾害、突发事件、极端天气和意外伤害应急预案,配备相应设施并定期组织必要的演练。学生在校期间学校应当对校园实行封闭管理,禁止无关人员进入校园。

第三章　社会保护

34. 社会保护未成年人的基本原则有哪些？

全社会应当树立关心、爱护未成年人的良好风尚。国家鼓励、支持和引导人民团体、企业事业单位、社会组织以及其他组织和个人，开展有利于未成年人健康成长的社会活动和服务。

知识链接

未成年人是祖国的未来、民族的希望。关爱未成年人的健康成长，是全社会的共同责任。与家庭保护、学校保护等内容不同的是，在对未成年人的保护上，社会保护覆盖的面更广，涉及的相关主体、责任人更多，未成年人的成长更需要全社会的共同保护。全社会要动员起来，学习宣传《中华人民共和国未成年人保护法》，共同营造包容兼爱的社会保护环境。

35. 居委会、村委会如何保护未成年人？

居委会、村委会是广大人民群众自我管理、自我教育的基层群众性自治组织。他们与居(村)民彼此了解，有利于及时处理有关未成年人的一些问题。具体职责主要在以下几个方面：

(1)通过广泛、深入的法制宣传活动，提高广大居(村)民的法制意识，使居(村)民知法、懂法、守法、用法，为创造安全的社会环境奠定良好的基础；

(2)协助公安机关等有关部门维护中小学校周围治安秩序，例如，可以在学校附近树立提示牌，提醒过往车辆减速行驶；配合公安机关定期检查学校周边环境，对相关的网吧、商店进行随机抽查访问等；

(3)了解和掌握流动人口中未成年人的就学、就业情况，督促未成年人父母或其他监护人对未成年人进行有效的教育并预防和制止未成年人的不良行为；

(4)采取有效的帮教措施，协助司法机关做好对违法犯罪未成年人的帮教工作。例如，加强对未成年人的理想、道德、法制和爱国主义、集体主义、社会主义教育。对于达到义务教育年龄的未成年人，在进行上述教育的同时，应进行预防犯罪的教育。

另外，居民委员会、村民委员会应当设置专人专岗负责未成年人的保护工作，协助政府有关部门宣传未成年人保护方面的法律法规，指导、帮助和监督未成年人的父母或者其他监护人依法履行监护职责，建立留守未成年人、困境未成年人的信息档案并给予关爱帮扶。

知识链接

居民委员会、村民委员会应当协助政府有关部门监督未成年人委托照护情况，发现被委托人缺乏照护能力、怠于履行照护职责等情况，应及时向政府有关部门报告，并告知未成年人的父母或者其他监护人，帮助、督促被委托人履行照护职责。

36. 社会上有哪些机构、场所对未成年人免费开放?

(1)爱国主义教育基地、图书馆、青少年宫、儿童活动中心、儿童之家应当对未成年人免费开放;博物馆、纪念馆、科技馆、展览馆、美术馆、文化馆、社区公益性互联网上网服务场所以及影剧院、体育场馆、动物园、植物园、公园等场所,应当按照有关规定对未成年人免费或者优惠开放。

(2)国家鼓励爱国主义教育基地、博物馆、科技馆、美术馆等公共场馆开设未成年人专场,为未成年人提供有针对性的服务。

(3)国家鼓励国家机关、企业事业单位、部队等开发自身教育资源,设立未成年人开放日,为未成年人主题教育、社会实践、职业体验等提供支持。

(4)国家鼓励科研机构和科技类社会组织对未成年人开展科学普及活动。

知识链接

《关于公益性文化设施向未成年人免费开放的实施意见》要求加大公益性文化设施向未成年人免费开放力度:根据中央要求,享受国家财政支持的各级各类博物馆(院)、展览馆、美术馆、科技馆、纪念馆、烈士纪念建筑物、名人故居、公共图书馆、学校图书馆、文化馆(站)、文化宫(工人文化宫、工人俱乐部)、青少年宫、儿童活动中心等公益性文化设施要向未成年人免费或优惠开放。

37. 哪些交通工具应对未成年人免费或优惠?

城市公共交通以及公路、铁路、水路、航空客运等应当按照有关规定对未成年人实施免费或者优惠票价。凡未按照有关规定对未成年人实施免票或者优惠票价的,由市场监督管理、交通等主管部门给予警告,责令限期改正;拒不改正的,处一万元以上十万元以下罚款。

知识链接

《交通运输部 国家发展改革委关于深化道路运输价格改革的意见》中关于未成年人免费或优惠乘坐交通工具的规定如下:

除9座及以下客车外,符合条件的儿童享受免费乘车或者客票半价优待。具体条件为:每一成人旅客可携带1名6周岁(含6周岁)以下或者身高1.2米(含1.2米)以下、且不单独占用座位的儿童免费乘车,需单独占用座位或者超过1名时超过的人数执行客票半价优待,并提供座位;6~14周岁或者身高为1.2~1.5米的儿童乘车执行客票半价优待,并提供座位。在客车满载情况下免费乘车儿童数量不得超过核定载客人数的10%(舍去小数位取整)。

38. 哪些公共场所应为未成年人提供便利？

国家鼓励大型公共场所、公共交通工具、旅游景区景点等设置母婴室、婴儿护理台以及方便幼儿使用的坐便器、洗手台等卫生设施，为未成年人提供便利。任何组织或者个人不得违反有关规定，限制未成年人应当享有的照顾或者优惠。

知识链接

在现实生活中，因为机场、车站等公共场所和办公场所母婴室的缺乏或形同虚设，这使得许多带着婴儿外出的母亲经常遭遇哺乳的尴尬，有的母亲甚至不得不躲进厕所或在大庭广众之下撩起衣服为婴儿喂奶。在公共场所设立母婴室，体现的不仅是对妇女、儿童的尊重和关爱，更是公共服务理念人性化的彰显，是一个国家文明进步的重要标志。

39. 政府鼓励相关机构保护未成年人的政策有哪些？

（1）国家鼓励社会团体、企业事业组织和其他组织及公民等，开展多种形式的有利于未成年人健康成长的社会活动。

（2）国家鼓励创作、出版、制作和传播有利于未成年人健康成长的图书、报刊、电影、广播电视节目、舞台艺术作品、音像制品、电子出版物和网络信息等。

（3）各级人民政府应当创造条件，建立和改善适合未成年人文化生活发展需要的活动场所和设施。

(4)博物馆、纪念馆、科技馆、文化馆、影剧院、体育场(馆)、动物园、公园等场所,应当对中小学生优惠开放。

(5)营业性舞厅等不适宜未成年人活动的场所,有关主管部门和经营者应当采取措施,不得允许未成年人进入。

知识链接

广泛开展中小学社会实践活动对推动未成年人健康成长,具有重要意义。但是这项工作仅仅只有教育部门参与是不够的,需要全社会各部门积极推动。就教育部门而言,各级教育行政部门要高度重视、认真组织实施中小学社会实践,依据国家课程方案,在教育教学中统筹安排,积极听从党委政府的领导,主动联合社会各个方面,因地制宜,构建开展社会实践的长效工作机制,努力使之成为教育常态。从社会各部门来看,要从人才培养的高度,积极支持教育部门开展的社会实践活动。动员、挖掘、整合部门资源,为中小学实践活动提供广阔的阵地和途径。

40.新闻媒体如何保护未成年人?

(1)新闻媒体应当加强未成年人保护方面的宣传,对侵犯未成年人合法权益的行为进行舆论监督。

(2)新闻媒体采访报道涉及未成年人事件应当客观、审慎和适度,不得侵犯未成年人的名誉、隐私和其他合法权益。

(3)有关政府主管部门要加强对新闻从业者的培训,促使他们在日常的新闻报道中注意避免对未成年人的伤害；有必要倡导新闻媒体的自我规范和自我约束，甚至成立专门的促进未成年人健康成长的新闻媒体自律联盟。以此促进新闻从业人员做好有关未成年人的采访报道，提高新闻媒体的信誉度，突出其应有的法制性和严谨性。同时，也可以进一步营造保护未成年人的社会文化环境。

知识链接

《中华人民共和国未成年人保护法》对新闻媒体采访报道涉及未成年人的内容做出规范。

从媒体角度来说，客观是前提，媒体应本着实事求是的原则，不能添油加醋；审慎是基本，媒体应本着谨慎的原则，着眼于保护未成年人的目的，而不能混同于一般案件的报道；适度是关键，媒体应按时度效的原则，不能用墨过度，更不能“信马由缰”，出现“新闻效果”损害孩子自尊的行为。

关注受资助的孩子，要在报道细节中体现关爱。而对于未成年人犯罪报道，媒体更应特别注意“审慎”一词，不要为博人眼球夸大事实，并注意保护未成年人隐私。在新闻报道中，采访方式、画面语言都要慎之又慎，避免让孩子受到伤害，甚至二次伤害。

对于具体报道要“审慎、适度”，而对于提高校园安全水平、加强网络保护等话题，媒体则应多加关注，多策划相关报道与讨论，并且把重点放在如何解决问题上。

41. 政府如何管控危害未成年人身心的书籍、信息？

(1)禁止制作、复制、出版、发布、传播含有宣扬淫秽、色情、暴力、邪教、迷信、赌博、引诱自杀、恐怖主义、极端主义等危害未成年人身心健康内容的图书、报刊、电影、广播电视节目、舞台艺术作品、音像制品、电子出版物和网络信息等。

(2)任何组织或者个人出版、发布、传播的图书、报刊、电影、广播电视节目、舞台艺术作品、音像制品、电子出版物或者网络信息，包含可能影响未成年人身心健康内容的，应当以显著方式作出提示。

(3)禁止制作、复制、发布、传播或者持有有关未成年人的淫秽色情物品和网络信息。

知识链接

《出版管理条理》第二十五条：

任何出版物不得含有下列内容：

(一)反对宪法确定的基本原则的；

(二)危害国家统一、主权和领土完整的；

(三)泄露国家秘密、危害国家安全或者损害国家荣誉和利益的；

(四)煽动民族仇恨、民族歧视，破坏民族团结，或者侵害民族风俗、习惯的；

(五)宣扬邪教、迷信的；

(六)扰乱社会秩序，破坏社会稳定的；

(七)宣扬淫秽、赌博、暴力或者教唆犯罪的；

(八)侮辱或者诽谤他人，侵害他人合法权益的；

（九）危害社会公德或者民族优秀文化传统的；

（十）有法律、行政法规和国家规定禁止的其他内容的。

第二十六条：以未成年人为对象的出版物不得含有诱发未成年人模仿违反社会公德行为和违法犯罪行为的内容，不得含有恐怖、残酷等妨害未成年人身心健康的内容。

42.广告如何保护未成年人身心健康？

任何组织或者个人不得刊登、播放、张贴或者散发含有危害未成年人身心健康内容的广告；不得在学校、幼儿园播放、张贴或者散发商业广告；不得利用校服、教材等发布或者变相发布商业广告。具体而言，就是要做到以下几点：

(1)广告不得损害未成年人和残疾人的身心健康。

(2)禁止在大众传播媒介或者公共场所、公共交通工具、户外发布烟草广告。禁止向未成年人发送任何形式的烟草广告。

(3)不得利用不满十周岁的未成年人作为广告代言人。

(4)不得在中小学校、幼儿园内开展广告活动，不得利用中小学生和幼儿的教材、教辅材料、练习册、文具、教具、校服、校车等发布或者变相发布广告。

(5)在针对未成年人的大众传播媒介上不得发布医疗、药品、保健食品、医疗器械、化妆品、酒类、美容广告，以及不利于未成年人身心健康的网络游戏广告。

(6)针对不满十四周岁的未成年人的商品或者服务广告不得含有以

下两点内容：一是不得含有劝诱其要求家长购买广告商品或者服务的信息；二是可能引发其模仿不安全行为的信息。

知识链接

《中华人民共和国广告法》规定：在针对未成年人的大众传播媒介上发布医疗、药品、保健食品、医疗器械、化妆品、酒类、美容广告，以及不利于未成年人身心健康的网络游戏广告的，由市场监督管理部门责令停止发布广告，对广告主处二十万元以上一百万元以下的罚款，情节严重的，可以吊销营业执照，由广告审查机关撤销广告审查批准文件、一年内不受理其广告审查申请；对广告经营者、广告发布者，由市场监督管理部门没收广告费用，处二十万元以上一百万元以下的罚款，情节严重的，可以吊销营业执照。

43. 社会如何保护未成年人的人身安全？

（1）禁止拐卖、绑架、虐待、非法收养未成年人，禁止对未成年人实施性侵害、性骚扰；

（2）禁止胁迫、引诱、教唆未成年人参加黑社会性质组织或者从事违法犯罪活动；

（3）禁止胁迫、诱骗、利用未成年人乞讨。

知识链接

2009年7月，民政部、公安部、财政部、住房城乡建设部和卫生部联合下发了《关于进一步加强城市街头流浪乞讨人员救助管理和流浪未成年人解救保护工作的通知》指出：要依法从重从快打击虐待和故意伤害流浪未成年人，以及拐卖、拐骗、组织、胁迫、诱骗、利用未成年人乞讨牟利或组织其进行违法犯罪活动的犯罪分子和团伙。认定是被拐卖、拐骗的未成年人，要立即解救，尽快送返其监护人身边。对暂时找不到其监护人的，护送到救助管理站接受救助，并继续查找其监护人。对亲生父母或其他监护人利用未成年人乞讨的，要予以批评教育，情节严重的，依照《治安管理处罚法》第四十一条，予以治安管理处罚；构成犯罪的，依法追究刑事责任。

44. 生活中如何保护未成年人健康？

（1）生产、销售用于未成年人的食品、药品、玩具、用具和游戏游艺设备、游乐设施等，应当符合国家或者行业标准，不得危害未成年人的人身安全和身心健康。上述产品的生产者应当在显著位置标明注意事项，未标明注意事项的不得销售。

（2）各级相关政府部门、组织机构应加强监督，加大对有关未成年人食物、用品的监测力度，严格把控，确保其质量安全，从源头上防范安全风险。

（3）学校、家长应加强合作，建立有效的交流机制，共同为未成年人的健康构筑安全防线。

知识链接

《中华人民共和国食品安全法》第六十七条规定：预包装食品的包装上应当有标签，标签应当标明下列事项：

（一）名称、规格、净含量、生产日期；

（二）成分或者配料表；

（三）生产者的名称、地址、联系方式；

（四）保质期；

（五）产品标准代号；

（六）贮存条件；

（七）所使用的食品添加剂在国家标准中的通用名称；

（八）生产许可证编号；

（九）法律、法规或者食品安全标准规定应当注明的其他事项。

专供婴幼儿和其他特定人群的主辅食品，其标签还应当标明主要营养成分及其含量。

45. 在公共场所如何保护未成年人？

（1）未成年人集中活动的公共场所应当符合国家或者行业安全标准，并采取相应安全保护措施。对可能存在安全风险的设施，应当定期进行维护，在显著位置设置安全警示标志并标明适龄范围和注意事项；必要时应当安排专门人员看管。

（2）大型的商场、超市、医院、图书馆、博物馆、科技馆、游乐场、车站、码头、机场、旅游景区景点等场所运营单位应当设置搜寻走失未成年人的安全警报系统。场所运营单位接到求助后，应当立即启动安全警报系统，组织人员进行搜寻并向公安机关报告。

（3）公共场所发生突发事件时，应当优先救护未成年人。

知识链接

公共场所安全管理规定：

(1)公共场所须有专人负责管理，明确责任，落实到人，各公共场所结合各自特点，制订出有关安全管理规章制度。

(2)公共场所必须保持通道畅通，必须配备相应种类和数量的消防器材和设施。并设置应急通道指示标志和应急照明器具。

(3)公共场所配备的消防器材和设施，必须由专人管理，确保消防器材完好，并掌握所配消防器材和设施的性能和使用方法。消防器材不得挪用、玩弄和损坏，违者处罚。

(4)公共场所必须加强电源管理，切实执行安全用电规定，严禁乱接、拉电源，严禁各种违章用电。严禁超负荷用电，不得擅自拉、接临时电线。

(5)严密火源管理，切实执行安全用火规定，严禁各种违章用火、玩火。

(6)组织大型活动，必须具备各项安全措施，进行安全检查、整改隐患，贯彻“安全第一”的原则，组织执勤人员，做好值勤工作，维持秩序，处理违章或应急事件。

(7)严禁携带易燃、易爆、有毒等危险品或各类刀具、凶器等管制器具进入公共场所，贵重物品、现金、有价证券等要妥善保管，谨防在公共场所丢失、失窃。

(8)进入公共场所应文明礼貌，遵守各公共场所的各项规章制度。严禁在公共场所哄闹、肇事、打架斗殴、偷窃赌博、酗酒、损坏公私财物等违纪违法行为。

46.酒店、宾馆等场所如何保护未成年人?

(1)酒店、宾馆、旅馆等住宿经营者接待未成年人入住,或者接待未成年人和成年人共同入住时,应当询问其父母或者其他监护人的联系方式、一同入住人员的身份关系等有关情况;发现有违法犯罪嫌疑的,应当立即向公安机关报告,并及时联系未成年人的父母或者其他监护人。

(2)酒店、宾馆、旅馆等住宿经营者应加强夜间巡检安保力度,建立针对未成年人的应急突发事故预防预案,重点检查未成年人住所是否正常。

(3)酒店、宾馆等场所提供的食物应安全健康,不得掺杂其他有害未成年人身心健康的物质,同时,上述场所应保证未成年人住所的安全性。未成年人入住的场所,不可让社会上的闲杂人等随意出入。

知识链接

根据《中华人民共和国未成年人保护法》《治安管理处罚法》《旅馆业治安管理办法》等法律法规,公安部对旅馆经营者接待未成年人入住提出"五必须"要求,以切实防范在旅馆中侵害未成年人案件的发生,保护未成年人身心健康。

"五必须"是指:旅馆经营者接待未成年人入住,必须查验入住未成年人身份,并如实登记报送相关信息;必须询问未成年人父母或者其他监护人的联系方式,并记录备查;必须询问同住人员身份关系等情况,并记录备查;必须加强安全巡查和访客管理,预防针对未成年人的不法侵害;必须立即向公安机关报告可疑情况,并及时联系未成年人的父母或其他监护人,同时采取相应安全保护措施。

47. 学校、幼儿园周边场所如何保护未成年人?

(1)学校、幼儿园周边不得设置营业性娱乐场所、酒吧、互联网上网服务营业场所等不适宜未成年人活动的场所。营业性歌舞娱乐场所、酒吧、互联网上网服务营业场所等不适宜未成年人活动场所的经营者,不得允许未成年人进入;游艺娱乐场所设置的电子游戏设备,除国家法定节假日外,不得向未成年人提供。经营者应当在显著位置设置未成年人禁入、限入标志;对难以判明是不是未成年人的,应当要求其出示身份证件。

(2)学校、幼儿园周边不得设置烟、酒、彩票销售网点。禁止向未成年人销售烟、酒、彩票或者兑付彩票奖金。烟、酒和彩票经营者应当在显著位置设置不向未成年人销售烟、酒或者彩票的标志;对难以判明是不是未成年人的,应当要求其出示身份证件。

(3)任何人不得在学校、幼儿园和其他未成年人集中活动的公共场所吸烟、饮酒。

(4)禁止向未成年人提供、销售管制刀具或者其他可能致人严重伤害的器具等物品。经营者难以判明购买者是不是未成年人的,应当要求其出示身份证件。

知识链接

《娱乐场所管理条例》第七条规定:居民住宅区和学校、医院、机关周围不得设置娱乐场所。

《娱乐场所管理办法》第六条规定:娱乐场所不得设置在教育法规定的中小学校周围。

48. 为未成年人实施特殊劳动保护的措施有哪些？

(1)任何组织或者个人不得招用未满十六周岁未成年人，国家另有规定的除外。

(2)营业性娱乐场所、酒吧、互联网上网服务营业场所等不适宜未成年人活动的场所不得招用已满十六周岁的未成年人。

(3)招用已满十六周岁未成年人的单位和个人应当执行国家在工种、劳动时间、劳动强度和保护措施等方面的规定，不得安排其从事过重、有毒、有害等危害未成年人身心健康的劳动或者危险作业。

(4)任何组织或者个人不得组织未成年人进行危害其身心健康的表演等活动。经未成年人的父母或者其他监护人同意，未成年人参与演出、节目制作等活动，活动组织方应当根据国家有关规定，保障未成年人合法权益。

(5)密切接触未成年人的单位招聘工作人员时，应当向公安机关、人民检察院查询应聘者是否具有性侵害、虐待、拐卖、暴力伤害等违法犯罪记录；发现其具有前述行为记录的，不得录用。

(6)密切接触未成年人的单位应当每年定期对工作人员是否具有上述违法犯罪记录进行查询。通过查询或者其他方式发现其工作人员具有上述行为的，应当及时解聘。

知识链接

《中华人民共和国劳动法》第十五条：禁止用人单位招用未满十六周岁的未成年人。

文艺、体育和特种工艺单位招用未满十六周岁的未成年人，必须遵守国家有关规定,并保障其接受义务教育的权利。

第九十四条:用人单位非法招用未满十六周岁的未成年人的,由劳动行政部门责令改正,处以罚款;情节严重的,由市场监督管理部门吊销营业执照。

49.如何保护未成年人的隐私?

未成年人享有的私人生活与私人信息依法受到保护,不被他人非法侵扰、知悉、收集、利用和公开,任何组织和个人不得披露未成年人的个人隐私。由于未成年人正处于生长发育时期,感情脆弱,自我控制能力较差,对其隐私权的保护有着特殊意义。保护未成年人隐私,应做到以下几点:

第一,教师和家长应对未成年人进行思想教育,使他们充分认识到对自己隐私保护的重要,例如不要在社交网络上轻易发布有关自己身份信息和其他相关的个人信息,不要向陌生网友提供个人真实情况等。

第二,家长应让未成年人拥有属于自己的隐私,给未成年留存个人空间,而不应对所有事情刨根问底,这样不利于未成年人身心健康发展。尤其是在未成年的叛逆期,这种做法很容易激起未成年人的逆反心理,继而导致一些恶性事件的发生。

第三,加强网络管理制度,对未成年人的相关信息不得公开,例如未成年人的聊天记录、网络日记、电子邮件等涉及未成年人个人隐私的信息。

第四,在法律方面,对于涉及未成年人的案件,应不公开审理,同时给予保护,以避免造成不良影响,给未成年人的发展蒙上阴影。

第五,未成年人的个人隐私保护,还需要社会上所有人的共同努力,政府在平时多举办一些公益活动来加强宣传，并张贴一些未成年人隐私保护的宣传册等。

关于保护未成年人隐私，法律明确规定，任何组织或者个人不得隐匿、毁弃、非法删除未成年人的信件、日记、电子邮件或者其他网络通讯内容。除下列情形外，任何组织或者个人不得开拆、查阅未成年人的信件、日记、电子邮件或者其他网络通讯内容：

(1)无民事行为能力的未成年人的父母或者其他监护人代未成年人开拆、查阅；

(2)因国家安全或者追查刑事犯罪依法进行检查；

(3)紧急情况下为了保护未成年人本人的人身安全。

知识链接

《中华人民共和国民法典》关于公民隐私权的内容：

第一千零三十二条：自然人享有隐私权。任何组织或者个人不得以刺探、侵扰、泄露、公开等方式侵害他人的隐私权。

隐私是自然人的私人生活安宁和不愿为他人知晓的私密空间、私密活动、私密信息。

第一千零三十三条：除法律另有规定或者权利人明确同意外，任何组织或者个人不得实施下列行为：

(一)以电话、短信、即时通讯工具、电子邮件、传单等方式侵扰他人的私人生活安宁；

(二)进入、拍摄、窥视他人的住宅、宾馆房间等私密空间；

(三)拍摄、窥视、窃听、公开他人的私密活动；

(四)拍摄、窥视他人身体的私密部位；

(五)处理他人的私密信息；

(六)以其他方式侵害他人的隐私权。

第四章 网络保护

50. 如何提高未成年人的网络素养？

国家、社会、学校和家庭应当加强未成年人网络素养宣传教育，培养和提高未成年人的网络素养，增强未成年人科学、文明、安全、合理使用网络的意识和能力，保障未成年人在网络空间的合法权益。网络素养是人们对网络世界的信息、事件和情境的认知、行为能力，具体包括信息分析评价能力、印象管理能力、道德认知能力、行动能力和审美能力等。随着网络的快速发展，其内涵会不断丰富和完善。构建并完善未成年人网络素养教育体系，需要从个人、家庭、学校和社会等方面努力，共同形成育人合力。提高未成年人网络素养，可以从以下方面做起：

(1)注重未成年人个人能力提升，实现“赋权”与“赋能”的有机结合。从我国未成年人个体属性来看，年龄、学习能力、网络使用自我效能感等均对其网络素养有显著影响。例如，利用网络渠道和资源进行学习已经较为常见，一些中小学使用网络课程作为课外辅导主要工具，也有一部分作业需在网络上完成。因此，未成年人的互联网使用能力至关重要。未成年人要安全、文明、健康地使用互联网，加强自我管理尤其是注意力管理，需要分年龄段编制于未成年人网络使用的指导手册和干预技术，循序渐进地帮助他们提升网络素养。

(2)重点强化学校的教育主体作用，建设体系连贯的网络素养教育融入式课程。根据未成年人的认知和行为特点，可分阶段将网络素养教育的不同内容融入各个年级与学科之中。目前，未成年人通过学校学习上网技能的比例明显偏低，建议将未成年人网络素养教育课程按年级划分为以下 4 个阶段：

幼儿园至小学 3 年级以初步接触与认识网络为主；

4 至 6 年级开始指导网络个人信息安全重要性以及个人信息保护方法；

7 至 9 年级着重形成对网络空间的全面认识，学习信息共享和在线交流的社会规范，提升网络信息鉴别能力、社交媒体使用能力等；

高中阶段重点学习如何对待网络欺凌、应对社交媒体压力等。

(3)有效发挥家庭教育的重要辅助功能，家长要以身作则，做合格的“导师”。家长首先要为孩子示范正确的网络媒介使用行为，有节制地利用电子产品，使电子设备能够恰当地服务学习、工作和生活。对于孩子的上网行为，父母要“适度”干预，比如与孩子商量制订家庭网络使用规则等，合理控制孩子使用网络的频率。

另外，家长还应注重“情感”教育，对未成年人的上网行为首先抱以宽容、理解的态度，建立与孩子平等讨论和分享的良好习惯，通过孩子能够理解和接受的沟通方式去了解其网络使用心理、情感诉求，从而进行后续引导。建设网络素养家长课堂，开办家长网络素养教育培训班，举办线上网络素养教育讲座和研讨会，开发家长网络素养教育课程与指导手册，比如研制《数字时代背景下家长行动指南》。

(4)汇聚政府和社会各界力量，形成全员育人的良好社会文化氛围。政府相关部门可借鉴国外关于未成年人网络素养教育的经验，尽快正式出台《未成年人网络保护条例》等法规，明确政府、社会、学校教育引导未成年人正确使用网络、提高网络素养的法律义务和具体职责。

政府部门应积极鼓励社会组织、企业开展未成年人网络素养项目，推动实施绿色网络健康计划，处理网络上的不良信息，提供热线咨询、指导、评价和预警服务。健全和规范各地未成年人网络素养教育示范基地的建设，营造全社会重视和提升网络素养的良好氛围。

知识链接

网络素养是网络相关能力的综合体现，从通晓基本的互联网工具，如搜索引擎、电子邮箱，到能分类、整理和对比互联网信息，再到参与互联网共建。它不仅是一种基本的技能，也包含了具备技能后在一定意识下做出的复杂行为。

网络素养框架内容包含了 5 个层级：

层级Ⅰ：工具层级。即是对基础互联网工具的使用，包括搜索引擎（了解搜索引擎功能、搜索技巧等）、信息管理工具（管理信息来源、选择合适的信息源等）和个人管理工具（信息导图、知识管理等）三个方面。

层级Ⅱ：识别层级。即在能够使用基础工具的基础上，对信息有分辨和识别的能力，且具备互联网责任。

层级Ⅲ：参与层级。即能够在互联网世界中找到自己位置的同时，学会分享和链接更多人。这一层级分为个人与社会两个方面。个人方面：具有互联网分享精神，并且学会在互联网世界中保护自己的信息。社会层面：链接他人。

层级Ⅳ：协作层级。即在与更多人发生联系与交互之后，产生更进一步的行动和创造。如参与一次互联网社区的共建。

层级Ⅴ：智慧网络人。已经能够熟练使用互联网且能在虚拟和现实的交互中利用互联网来解决一个复杂的现实问题。这也是未来信息时代每一个人的竞争力所在。

51. 国家对未成年人网络保护的基本政策有哪些？

为了合理使用网络，国家出台了《中华人民共和国网络安全法》，详细规定了网络的基本原则、安全使用规范等，其主要政策如下：

(1)国家坚持网络安全与信息化发展并重，遵循积极利用、科学发展、依法管理、确保安全的方针，推进网络基础设施建设和互联互通，鼓励网络技术创新和应用，支持培养网络安全人才，建立健全网络安全保障体系，提高网络安全保护能力。

(2)国家采取措施，监测、防御、处置来源于中华人民共和国境内外的网络安全风险和威胁，保护关键信息基础设施免受攻击、侵入、干扰和破坏，依法惩治网络违法犯罪活动，维护网络空间安全和秩序。

(3)国家倡导诚实守信、健康文明的网络行为，推动传播社会主义核心价值观，采取措施提高全社会的网络安全意识和水平，形成全社会共同参与促进网络安全的良好环境。

(4)国家积极开展网络空间治理、网络技术研发和标准制定、打击网络违法犯罪等方面的国际交流与合作，推动构建和平、安全、开放、合作的网络空间，建立多边、民主、透明的网络治理体系。

(5)国家网信部门负责统筹协调网络安全工作和相关监督管理工作。国务院电信主管部门、公安部门和其他有关机关依照本法和有关法律、行政法规的规定，在各自职责范围内负责网络安全保护和监督管理工作。

与此同时，国家鼓励和支持有利于未成年人健康成长的网络内容的创作与传播，鼓励和支持专门以未成年人为服务对象、适合未成年人身心健康特点的网络技术、产品、服务的研发、生产和使用。

知识链接

《中华人民共和国网络安全法》是我国第一部全面规范网络空间安全管理方面的基础性法律，是我国网络空间法治建设的重要里程碑，是依法治网、化解网络风险的法律重器，是让互联网在法治轨道上健康运行的重要保障。《中华人民共和国网络安全法》将近年来一些成熟的好做法制度化，并为将来可能的制度创新做了原则性规定，为网络安全工作提供了切实的法律保障。

《中华人民共和国网络安全法》的三大基本原则分别为：网络空间主权原则、网络安全与信息化发展并重原则、共同治理原则。

52. 网络监管部门如何加强未成年人保护？

(1)网信部门及其他有关部门应当加强对未成年人网络保护工作的监督检查，依法惩处利用网络从事危害未成年人身心健康的活动，为未成年人提供安全、健康的网络环境。

(2)网信部门会同公安、文化和旅游、新闻出版、电影、广播电视等部门根据保护不同年龄阶段未成年人的需要，确定可能影响未成年人身心健康网络信息的种类、范围和判断标准。

(3)网信主管部门应积极履责，对遵纪守法、积极传播先进文化者给予鼓励，对传播有害信息者给予限制和惩戒。同时加强对盗窃账号、买卖个人信息等违法犯罪行为的查处打击力度，对可能引发侵害未成年人利益事件的有害信息加强监测、预警、处罚，精心呵护未成年人的网络安全环境。

知识链接

网络监管，主要负责对互联网网络的监督、监管和检查，主要是监管外部的网络状况，类似于网监、网络警察的性质。

网络监管分为网络营运监管、网络内容监管、网络版权监管、网络经营监管、网络安全监管、网络经营许可监管等。

中国的网络监管中，通信管理部门、互联网新闻宣传管理部门和公安部门，以及文化部门，广播电影电视管理部门和新闻出版部门是代表政府参与网络监管的主要职能部门。

公安网监网站名单：

网络违法犯罪举报网站

违法和不良信息举报中心

12321 网络不良与垃圾信息举报受理中心

中国扫黄打非网

中国信息安全测评中心

国家计算机网络应急技术处理协调中心

中国计算机学会计算机安全专业委员会

53. 政府如何净化网络空间？

塑造健康网络环境，净化网络空间是关键。网络空间充斥着大量暴力、色情内容，很难发挥积极健康的作用。在净化网络空间过程中，政府部门需要调动各方力量参与，既需要政府的带头引领，也需要企业、社会乃至公民个人的积极配合。具体而言，应做到以下几点：

(1)政府部门应发挥净化网络空间的主体作用。新闻出版、教育、卫生健康、文化和旅游、网信等部门应当定期开展预防未成年人沉迷网络的宣传教育,监督网络产品和服务提供者履行预防未成年人沉迷网络的义务,指导家庭、学校、社会组织互相配合,采取科学、合理的方式对未成年人沉迷网络进行预防和干预。任何组织或者个人不得以侵害未成年人身心健康的方式对未成年人沉迷网络进行干预。

(2)企业要履行社会责任,助力网络空间的净化。网络空间之所以充斥着大量暴力、色情内容,归根结底是一些不法企业只顾眼前利益,游走在“以色动人”“以暴动人”的违法边缘。因此,净化网络空间若想取得根本性成果,必须从“供给侧”入手,通过增强企业社会责任感等方式,减少暴力、色情内容的供应。从目前情况看,大型互联网企业的社会责任感正加速提升,但一些中小互联网企业仍旧将获利与否作为唯一标准,无视企业应有的社会责任,这种情况必须扭转。

(3)社会应形成对网络暴力、色情内容的“零容忍”态度。社会氛围对于网络环境影响巨大,若社会整体形成了对于不良网络内容坚决抵制的态度,则政府部门的整治措施将事半功倍,企业也将自觉遵守内容制作的相关规范。因此,全社会应时刻保持对不良网络内容的抵制态度,反对企业或个人生产、传播暴力或色情内容,积极支持和配合政府的净网行动。

(4)居民个人应坚决抵制不良网络内容。某种程度上,正因为有需求的存在,暴力、色情等不良网络内容才会源源不断供应。净化网络空间不能仅靠政府的强力措施,也不能全凭企业的“自觉”,居民个人的参与十分重要。具体来说,人们应摒弃不良嗜好,用正能量的思想武装头脑,用实际行动坚决抵制暴力、色情等不良网络内容。

知识链接

“净网行动”即“净化网络环境专项行动”。净网行动是全国“扫黄打非”工作小组办公室、国家互联网信息办公室、工业和信息化部、公安部为依法严厉打击利用互联网制作传播淫秽色情信息行为的一次特别行动。

2021年3月，全国“扫黄打非”办公室作出安排部署，即日起至11月底开展“新风2021”集中行动，“新风”行动将以“护苗2021”“净网2021”“秋风2021”专项行动为开展平台。

54. 学校、社区等场所如何打造良好的网络环境？

学校、社区、图书馆、文化馆、青少年宫等场所为未成年人提供的互联网上网服务设施，应当安装未成年人网络保护软件或者采取其他安全保护技术措施。智能终端产品的制造者、销售者应当在产品上安装未成年人网络保护软件，或者以显著方式告知用户未成年人网络保护软件的安装渠道和方法。为了打造良好的网络环境，下面以学校为例，可从以下方面做起：

(1)依托互联网，建设校园社区。从现实班级关系出发，依托校园网站，建立一个可供师生和家长多方参与、学校与家庭共同建设的网络平台——校园社区。在校园社区，学生、教师和家长以各自身份参与其中，并承担不同的角色。学生可以以用户身份在自己的空间投稿，写心得、晒图片、发评论等；教师主要负责网络班级的管理，可发布班级日志，建立班级相册，管理学生档案，对学生进行日常评价及个别辅导等；家长们可以了解学生的状况，交流育子经验，参与班级管理，评价学生的表现等。

第一，学校相关部门全员参与到校园社区的建设之中。具体由学校大队部牵头，负责统筹协调，信息中心负责技术支持，总务处提供后勤服务，其他部门各司其职。第二，全体师生、全校家长实行实名登记，分别以不同角色参与社区互动，形成一种“家庭学校共参与、师生家长齐动员”多位一体、多元互动的网格体系。

(2)共同管理，多维评价。为了维护校园社区的安全运行，学校可以建立多方共同管理、多维评价机制。其主要内容如下：

①共同管理。一是管理员队伍，由各班班主任承担。二是鉴于班级主页维护任务繁重，信息量大，可依托班级家委会和热心家长建立一支校园社区志愿者队伍，共同维护、监督社区运行，组织社区活动，形成健康向上的家校互动氛围。

②多维评价。第一，在校园社区以班级为单位设立信息发布动态排行榜，增强班级间的竞争意识。第二，整合校报、校园广播站、校园电视台等媒介，对班级主页中的优秀作品、家长心得等进行宣传报道，形成良好的舆论氛围。不定期将校园社区中的作品分门别类，印刷成册，免费发放，激发学生的学习热情。第三，建立考评机制，将日常校园社区里的班级活跃度纳入学校班级管理考核体系。每年举行校园社区总结表彰会，评选优秀班级、优秀班主任、优秀家长、优秀“小网管”、优秀小博客、优秀日志等。

(3)开辟新渠道，创新方式拓展教育空间。相对于传统教育受时间、空间等因素限制，网络平台极大拓展了学生学习的领域。学校通过“一台(校园电视台)、一站(校园广播站)、一页(班级主页)”开展主题多样的活动，可以营造健康活泼、数字化的校园文化生活，引导学生积极运用现代信息技术学习知识、体验生活和感悟人生。

(4)凝聚正能量，多元整合增强德育实效。针对社会上普遍存在的重智育轻德育、重课堂轻实践的现象，可以借助校园社区，结合校园实际和时事开展专题教育，将社会主义核心价值观教育贯穿于平台建设之中，将少先队活动与校园社区相结合，将集体主义、爱国主义的主题呈现在校园网络平台，引导广大学生争做互联网时代少年。通过共享主题队会和榜样教育，将优秀学生的照片、事迹公布在网站上，实施网络评选，以优秀学生的模范行为影响教育其他学生，从而产生积极影响，促使学生“择善而从”“见贤思齐”，形成良好的班风学风，达到“润物细无声”的效果。

通过营造校园社区环境引导未成年人，使其既能体验快乐，收获知识，又能形成正确的网络道德观念和行为规范。网络不是洪水猛兽，不必恐惧，更无须躲避。相反，它是社会发展的助推器，也是每个人生活中的必要工具，如同阳光、空气、水一样，无处不在，不可或缺。学校、社区等公共场所，应树立现代教育观念，强化网络教育意识，充分利用网络技术与资源，打造出一个良好健康、阳光温馨的网络环境。

知识链接

校园网是为学校师生提供教学、科研和综合信息服务的宽带多媒体网络。近年来校园网建设发展迅速，到目前为止仅在中国中小学就有近万所学校建有校园网。它们为中国中小学内部实现教育的资源共享、信息交流和协同工作提供了较好的范例。然而，随着中国各地校园网数量的迅速增加，校园网之间如何实现教育的资源共享、信息交流和协同工作的需求越来越强烈，这为信息化教育工作提供了一个重大命题方向。

55.学校如何提升未成年人的网络素养？

（1）学校应当合理使用网络开展教学活动。未经学校允许，未成年人不得将手机等智能终端产品带入课堂，凡是带入学校的应当由学校统一管理，合理控制学生使用手机的时间。

（2）学校发现未成年人有沉迷网络现象的，应当及时告知其父母或者其他监护人，共同对未成年学生进行教育和引导，帮助其恢复正常的学习生活。

（3）学校是培养未成年人素养的重要场所。在网络素养教育方面，学校应充分发挥主体作用，开设相关教育课程，将网络技能运用、开发创新思维与思想道德教育、信息技术教育相互结合，让未成年人更多、更早接触互联网，学会基础的网络技术，树立文明绿色、自然健康的网络素养，从而引导未成年人文明、绿色上网，帮助他们主动抵制低俗泛滥的网络之风，养成良好的上网习惯。

知识链接

网络时代增加了人们生活的便利性，但同时也带给人们各种不良的影响，主要影响如下：

（1）对青少年的人生观、价值观和世界观的形成构成潜在威胁。互联网是一张无边无际的“网”，内容虽丰富却庞杂，良莠不齐，青少年在互联网上频繁接触西方国家的宣传论调、文化思想等，这使得他们头脑中沉淀的中国传统文化观念和我国主流意识形态形成冲突，使青少年的价值观产生倾斜，甚至盲从西方。长此以往，对于我国青少年的人生观和意识形态必将起一种潜移默化的作用，对于国家的政治安定显然是一种潜在的巨大威胁。

(2)互联网使许多青少年沉溺于网络虚拟世界,脱离现实,也使一些青少年荒废学业。与现实的社会生活不同,青少年在网上面对的是一个虚拟的世界,它不仅满足了青少年尽早尽快占有各种信息的需要,也给人际交往留下了广阔的想象空间,而且不必承担现实生活中的压力和责任。虚拟世界的这些特点,使得不少青少年宁可整日沉溺于虚幻的环境中而不愿面对现实生活。无限制地泡在网上将对日常学习、生活产生很大的影响,严重的甚至会荒废学业。

(3)互联网中的不良信息和网络犯罪对青少年的身心健康和安全构成危害。当前,网络对青少年的危害主要集中到两点,一方面是某些人实施诸如诈骗或性侵害之类的犯罪;另一方面就是黄色垃圾对青少年的危害。据有关专家调查,互联网上非学术性信息中,有47%与色情有关,网络使色情内容更容易传播。据不完全统计,60%的青少年虽然是在无意中接触到网上黄色信息的,但自制力较弱的青少年往往出于好奇或冲动而进一步寻找类似信息,从而深陷其中。调查还显示,在接触过网络上色情内容的青少年中,有90%以上有性犯罪行为或动机。

56. 父母或监护人如何引导未成年人使用网络?

(1)未成年人的父母或者其他监护人应当提高网络素养,规范自身使用网络的行为,加强对未成年人使用网络行为的引导和日常监督。同时,注意培养良好的亲子关系,良好的亲子关系可以有效促进未成年人健康上网。

(2)未成年人的父母或者其他监护人应通过在智能终端产品上安装未成年人网络保护软件、选择适合未成年人的服务模式和管理功能等方式,避免未成年人接触危害或者可能影响其身心健康的网络信息,合理安排未成年人使用网络的时间,有效预防未成年人沉迷网络。

(3)父母或监护人应教育和引导未成年人养成良好的行为习惯。这里的教育包含安全教育、思想品德教育等方面。教育和管理不仅包含主动开展相关的行为教育,还包括不得被动放任未成年人形成的不良习惯。另外,父母或监护人还应主动教育和引导未成年人遵纪守法、勤俭节约,养成良好的思想品德和行为习惯,合理合法地使用网络,形成良好的网络素养。

知识链接

网络有许多的功能,可以丰富孩子的知识,扩展他们的视野,最重要的是,网络可以帮助孩子获取最新的信息,获得交流学习经验的机会。但网络也有许多的安全隐患和问题。家长指导孩子上网时需注意以下几点:

(1)父母以身作则健康上网。如果家长自己沉迷于网络游戏、网络聊天等活动,孩子必然"看在眼里、记在心上",一旦有机会便会效仿。同样,如果家长抵制网络,不愿意学习网络技术,不利用网络学习新知识,那孩子也会反感新技术,不愿意接触新事物。因此,作为家长首先应当及时学习充电,了解计算机、网络的一般常识。只有这样,才能有效地起到监督孩子的作用。

(2)不要杜绝孩子上网。让孩子"远离网吧""远离网络",也只是让孩子远离网瘾毒害的权宜之计,远离信息时代最重要的工具只会让青少年素质及心理健康大受影响。文明上网以预防为主,家长不要把网络视为洪水猛兽。网络是不能抗拒的发展方向,父母要主动迎接这一挑战。

(3)加强对孩子的引导。要严格控制孩子的上网内容。网络上黄色、反动、黑客等站点会对自制能力较差的孩子产生误导作用,家长在电脑上要安装网络过滤软件,并经常查看孩子上网的历史记录及收藏信息,发现问题要及时采取对策。

(4)要严格控制孩子的上网时间。长时间凝视电脑屏幕会导致视力下降,进而近视;显示器产生的电磁辐射也会直接侵害孩子的身体;大脑由于处于长时间的紧张工作状态,会变得麻木、混沌;颈椎、脊柱等部位会因弯曲、久坐不动而变形、疼痛。除此之外,还会对其学习、生活产生不良影响。所以应严格控制孩子的上网时间,一般将其控制在每天1小时为宜。

57. 网络信息处理者如何保护未成年人?

信息处理者通过网络处理未成年人个人信息的,应当遵循合法、正当和必要的原则。处理不满十四周岁未成年人个人信息的,应当征得未成年人的父母或者其他监护人同意,但法律、行政法规另有规定的除外。

未成年人、父母或者其他监护人要求信息处理者更正、删除未成年人个人信息的,信息处理者应当及时采取措施予以更正、删除,但法律、行政法规另有规定的除外。

知识链接

信息处理者在处理个人信息时有明确的义务。信息处理者不得泄露或者篡改其收集、存储的个人信息;未经自然人同意,不得向他人非法提供其个人信息,但是经过加工无法识别特定个人且不能复原的除外。

信息处理者应当采取技术措施和其他必要措施，确保其收集、存储的个人信息安全，防止信息泄露、篡改、丢失；发生或者可能发生个人信息泄露、篡改、丢失的，应当及时采取补救措施，按照规定告知自然人并向有关主管部门报告。

58. 网络运营商如何保护未成年人？

（1）网络服务提供者发现未成年人通过网络发布私密信息的，应当及时提示，并采取必要的保护措施。

（2）网络产品和服务提供者不得向未成年人提供诱导其沉迷的产品和服务。

（3）网络游戏、网络直播、网络音视频、网络社交等网络服务提供者应当针对未成年人使用其服务设置相应的时间管理、权限管理、消费管理等功能。以未成年人为服务对象的在线教育网络产品和服务，不得插入网络游戏链接，不得推送广告等与教学无关的信息。

知识链接

网络运营商是进行网络运营和提供服务的实体。网络运营商不仅需要从网络角度了解网络运行状况，还需要从服务角度了解网络运行状况。此外，他们需要在提供多媒体服务和应用时有效利用网络资源。网络提供商则是提供网络基础设施的实体。中国三大网络运营商分别是中国电信、中国移动、中国联通。

本书所称网络服务提供者是指各类网络平台，包括直播、视频、游戏、论坛等各类网络商品服务的提供者。

59. 如何预防未成年人网络成瘾?

为了预防未成年人网络成瘾,《中华人民共和国未成年人保护法》作出如下规定:

(1)网络游戏经依法审批后方可运营。国家建立统一的未成年人网络游戏电子身份认证系统。网络游戏服务提供者应当要求未成年人以真实身份信息注册并登录网络游戏。

(2)网络游戏服务提供者应当按照国家有关规定和标准,对游戏产品进行分类,作出适龄提示,并采取技术措施,不得让未成年人接触不适宜的游戏或者游戏功能。

(3)网络游戏服务提供者不得在每日22时至次日8时向未成年人提供网络游戏服务。

除了法律法规对预防未成年人网络成瘾作出的强制规定外,更多的需要未成年人提高自身预防能力。未成年人预防网络成瘾可以从以下方面做起:

(1)控制上网地点:未成年人应尽量不去网吧上网。同伴之间存在相互"学习"的作用,如果遇到一些成天泡在网吧的"榜样",就会加速网络成瘾的形成。

(2)控制网络的使用内容:学习网络的使用技巧以及获取网上资料的技能,保护自己的电脑不会受到病毒或"不良网站"的进攻。

(3)控制上网时间:控制好每周上网的时间要比控制好每天的时间更有效。给自己一个限定"我每周上网的时间不能超过×小时",这个时间可以随着个人的具体情况而自行调节。

知识链接

网瘾为网络成瘾症的简称，是指上网者由于长时间和习惯性地沉浸在网络时空当中，对互联网产生强烈的依赖，以至于达到了痴迷的程度而难以自我解脱的行为状态和心理状态。

造成网络成瘾的原因一般分为外因和内因。外因即社会环境和家庭教育，社会环境包括网吧的出现，网络游戏的流行等；家庭教育包括家庭环境和教育方式，家长忙于工作没时间管理孩子导致他们对网络产生依赖等。但是，这些外因只是被动因素，是形成网瘾的诱因。真正的原因是内因，包括网瘾患者的满足感缺失、独特的生理人格。举例来说，大部分网瘾患者都会出现学业失败，从而导致心理空虚、缺乏自信，为满足自己的内心，通常会选择逃避，最容易在虚拟的网络世界中重新找到失去的自我和可以满足的成就感，这就是典型的满足感缺失。

60. 如何规范未成年人网络直播？

(1)网络直播服务提供者不得为未满十六周岁的未成年人提供网络直播发布者账号注册服务；为年满十六周岁的未成年人提供网络直播发布者账号注册服务时，应当对其身份信息进行认证，并征得其父母或者其他监护人同意。

(2)加强平台的实名认证访问控制。未成年人有权观看直播，同样有权进行直播，法律应当允许未成年人进入直播平台，但要对他们进行实名认证和分类控制。尽管《互联网直播服务管理条例》对实名认证做出了相关规定，但在现实生活中，对于未成年人进入直播平台进行直播并没有真正落实这些相关规定。以斗鱼平台为例，未成年人想要进行直播注册，必须经过地方法院和监护人同意。然而，在斗鱼平台的实际注册流程中，未成年人只要上传一张其他成年人的身份证便可以通过认证，从这一点上看，认证程序形同虚设。因此，有必要进一步确保未成年人在注册主播时是在监护人在场的情况下注册。例如上传与监护人在一起的照片、身份证件等。不仅如此，网络直播平台还应当对直播信息采取分类管理等措施，创造一个干净、绿色的直播环境。

(3)加强对直播内容的监管。一方面，对于未成年主播的直播内容进行监督与规制，坚决禁止未成年人直播与其年龄阶段不相宜的题材内容。另一方面，对于直播平台上的直播节目应当采用分级制度进行管理，以明确哪些直播视频不能向未成年人开放。同时，地方政府、直播平台和个人用户应当携手监督，利用网络监控识别等技术对直播内容加以管控。

(4)加大对直播违法行为的处罚力度。在完善现有互联网直播出版商信用评级管理系统、黑名单管理系统和黑名单通知系统的基础上，实施警告、暂停出版和账户关闭等处置措施，制定行业公约，建立和完善行业信用评估系统和服务评估系统，加大处罚力度。进一步扩大黑名单监管系统、行业信用评估系统和服务评估系统的适用主体、范围和内容，以增强其对违法主体的威慑力。

知识链接

2019年8月20日，全国“扫黄打非”办公室发布文章称，近日会同工业和信息化部、公安部、文化和旅游部、国家广播电视总局、国家互联网信息办公室联合下发《关于加强网络直播服务管理工作的通知》，部署各地有关部门进一步加强网络直播服务许可、备案管理，强化网络直播服务基础管理，建立健全长效监管机制，大力开展存量违规网络直播服务清理工作。通知要求，应落实用户实名制度，加强网络主播管理，建立主播黑名单制度，健全完善直播内容监看、审查制度和违法有害内容处置措施。通知强调，应用商店不得为列入有关部门黑名单中的网络直播App提供分发服务。通知要求，网络直播服务提供者应按照许可范围开展业务，不得利用直播服务制作、复制、发布、传播法律法规禁止的信息内容。应按照要求建立内容审核、信息过滤、投诉举报处理等相关制度，建立7×24小时应急响应机制，加强技术管控手段建设，按照要求处置网络直播中的违法违规行为。按照有关法律法规要求，记录直播服务使用者发布内容和日志信息并保存一定期限。

61.防止未成年人遭受网络欺凌的规定有哪些？

任何组织或者个人不得通过网络以文字、图片、音视频等形式，对未成年人实施侮辱、诽谤、威胁或者恶意损害形象等网络欺凌行为。

遭受网络欺凌的未成年人及其父母或者其他监护人有权通知网络服务提供者采取删除、屏蔽、断开链接等措施。网络服务提供者接到通知后，应当及时采取必要的措施制止网络欺凌行为，防止信息扩散。

知识链接

网络欺凌，是利用数字技术进行的欺凌行为，即通过社交媒体、即时通讯平台、游戏平台和手机等，以恐吓、激怒或羞辱他人为目的的重复行为。这一现象在青少年以及未成年人中亦多有发生，且危害性较成年人更甚。随着社交网站的盛行，“网络欺凌”开始演变成全球的浪潮，成为越来越严重的社会问题。这种现象会给未成年人造成巨大的心理伤害，影响其健康发展和成长。

虚拟网络世界已经取代校园，成为一些未成年和青少年欺凌其他人的空间，尤其是他们在网上互相威吓、羞辱和折磨对方的行为，可以走出监护人、执法人员、教师的视线范围，甚至难以受到法律的制裁。

网络欺凌的严重性绝对不能低估，曾发生多宗儿童因在网上受到羞辱而患上抑郁症，甚至自毁生命的社会事件。社会人士、执法人员以及相关学者专家面对越来越严重的网上欺凌问题，很难迅速作出反应。

62. 网络服务中，如何杜绝危害未成年人身心健康的内容？

（1）网络产品和服务提供者应当建立便捷、合理、有效的投诉和举报渠道，公开投诉、举报方式等信息，及时受理并处理涉及未成年人的投诉、举报。

（2）任何组织或者个人发现网络产品、服务含有危害未成年人身心健康的信息，都有权向网络产品和服务提供者或者网信、公安等部门投诉、举报。

（3）网络服务提供者发现用户发布、传播可能影响未成年人身心健康的信息且未作显著提示的，应当作出提示或者通知用户予以提示；未作出提示的，不得发布、传输相关信息。

（4）网络服务提供者发现用户发布、传播含有危害未成年人身心健康内容的信息的，应当立即停止传输相关信息，采取删除、屏蔽、断开链接等处置措施，保存有关记录，并向网信、公安等部门报告。

（5）网络服务提供者发现用户利用其网络服务对未成年人实施违法犯罪行为的，应当立即停止向该用户提供网络服务，保存有关记录，并向公安机关报告。

知识链接

网络产品是一种具有跨时空、多媒体、交互式、拟人化、成长性、整合性、超前性、高效性、经济性和技术性等多种特点的产品，具有以下特征：

(1)具有数字化特征，如图书、音乐等；

(2)具有标准化特征；

(3)具有隐私化特征；

(4)兼容虚拟化与现实。

网络产品分为以下几层：

(1)互联网基础层，如网线、服务器、网卡等；

(2)可数字化平台性产品，如软件、网站等；

(3)可数字化的终极产品，如音乐、电影、小说等；

(4)传统实物产品中转，如网购产品等。

第五章　政府保护

63. 政府如何保护未成年人？

（1）国家鼓励和支持社会组织、社会工作者参与涉及未成年人案件中未成年人的心理干预、法律援助、社会调查、社会观护、教育矫治、社区矫正等工作。

（2）县级以上人民政府承担未成年人保护协调机制具体工作的职能部门应当明确相关内设机构或者专门人员，负责承担未成年人保护工作。

（3）乡镇人民政府和街道办事处应当设立未成年人保护工作站或者指定专门人员，及时办理未成年人相关事务；支持、指导居民委员会、村民委员会设立专人专岗，做好未成年人保护工作。

知识链接

2020 年 10 月 17 日，十三届全国人大常委会第二十二次会议表决通过《中华人民共和国未成年人保护法》修订案。新修订的《中华人民共和国未成年人保护法》自 2021 年 6 月 1 日起正式施行。

新法内容由 7 章扩展为 9 章，新增了“网络保护”“政府保护”这两章，条文由 72 条增加到 118 条，在未成年人的安全教育和保护、勤俭节约意识培养、网络保护方面，作出了更加具体明确的规定，进一步压实了监护人、学校、网络服务提供者的主体责任。

64. 政府如何维护未成年人受教育的权利?

(1)各级人民政府应当将家庭教育指导服务纳入城乡公共服务体系,开展家庭教育知识宣传,鼓励和支持有关人民团体、企业事业单位、社会组织开展家庭教育指导服务。

(2)各级人民政府应当保障未成年人受教育的权利,并采取措施保障留守未成年人、困境未成年人、残疾未成年人接受义务教育。

(3)对尚未完成义务教育的辍学未成年学生,教育行政部门应当责令其父母或者其他监护人将其送入学校接受义务教育。

(4)各级人民政府应当发展托育、学前教育事业,办好婴幼儿照护服务机构、幼儿园,支持社会力量依法兴办母婴室、婴幼儿照护服务机构、幼儿园。

(5)县级以上地方人民政府及其有关部门应当培养和培训婴幼儿照护服务机构、幼儿园的保教人员,提高其职业道德素质和业务能力。

(6)各级人民政府应当发展职业教育,保障未成年人接受职业教育或者职业技能培训,鼓励和支持人民团体、企业事业单位、社会组织为未成年人提供职业技能培训服务。

知识链接

新修订的《中华人民共和国未成年人保护法》在教育方式上紧织密网,保障未成年人受教育权。一是保障适龄未成年人接受义务教育;二是发展托幼事业,保障婴幼儿接受良好的保育;三是发展职业教育,保障没有进入普通高中学习的未成年人接受职业教育或者职业技能培训。对尚未完成义务教育的辍学未成年学生,教育行政部门应当责令其父母或者其他监护人将其送入学校接受义务教育。

65. 政府如何保护残疾未成年人受教育的权利?

各级人民政府应当保障具有接受普通教育能力、能适应校园生活的残疾未成年人就近在普通学校、幼儿园接受教育;保障不具有接受普通教育能力的残疾未成年人在特殊教育学校、幼儿园接受学前教育、义务教育和职业教育。

各级人民政府应当保障特殊教育学校、幼儿园的办学、办园条件,鼓励和支持社会力量举办特殊教育学校、幼儿园。

知识链接

《中华人民共和国未成年人保护法》重视对残疾未成年人受教育权的保护。第八十三条规定:“各级人民政府应当保障未成年人受教育的权利,并采取措施保障留守未成年人、困境未成年人、残疾未成年人接受义务教育。对尚未完成义务教育的辍学未成年学生,教育行政部门应当责令父母或者其他监护人将其送入学校接受义务教育。”

66. 政府如何保障校园安全?

(1)地方人民政府及其有关部门应当保障校园安全,监督、指导学校、幼儿园等单位落实校园安全责任,建立突发事件的报告、处置和协调机制。

(2)政府应督促学校建立安全教育培训机制,提高校园安全指数,政府部门应联合学校提高学生的自我安全保护意识,提高学生的独立思考能力、应急反应能力和后果意识。让未成年人在生活中、在学习玩耍中了解危险场所、危险事物及危险情况，以体验的方式去学习面对危险时的应对方法。

(3)明确校园安全责任，建立各级安全责任人机制。例如，学校安全工作管理者、学校校长、学校分管安全领导、学校安全主任、专职安全教育教师、兼职安全教育教师、普通学科教师和其他工作人员，依据一岗双责工作要求，开展针对性的“理论＋实操演练＋结业考核”的安全培训。

知识链接

校园安全与每个师生、家长和社会都有着密切的关系。从广义上讲，校园事故是指学生在校期间，由于某种偶然突发的因素而导致的人为伤害事件。就其特点而言，一般是因为责任人疏忽大意或过失失职而导致事故的发生。

地方各级教育行政部门和中小学校要与当地公安机关和共青团、少先队等组织密切配合，围绕“珍爱生命，安全第一”的主题，深入组织学生开展“全国中小学生安全教育日”“中国少年儿童平安行动”等安全教育活动，使学生在教育活动中切实提高安全意识和防范能力。中小学校要通过举办专题讲座、开展知识竞赛、组织观看录像、发放安全手册、制作宣传板等多种形式，生动形象地对学生进行预防火灾、拥挤踩踏、交通、溺水等事故的教育；要精心组织，周密部署，面向全体学生组织开展紧急疏散、逃生自救演练，提高全体教职工和学生应对突发事件的能力。

67. 公安机关如何保护未成年人？

公安机关保护未成年人应该做到以下几点：

(1)公安机关和其他有关部门应当依法维护校园周边的治安和交通秩序，设置监控设备和交通安全设施，预防和制止侵害未成年人的违法犯罪行为。

(2)开展未成年人保护宣传活动，提高未成年人法律意识。治安大队坚持与“七五”普法相结合，开展主题鲜明、形式多样的法治宣传教育活动，充分发挥公安民警、法律工作者等专业人士优势，精心开展“送法进校园”“法治讲堂”等多种活动。重点宣传法律援助范围、典型案例等，提高未成年人的法律意识和维护自身权益的能力。

(3)严厉打击侵害未成年人的违法犯罪，促进未成年人健康成长。治安大队以零容忍的态度重拳打击侵害未成年人的违法犯罪，重点严厉打击引诱利用未成年人涉黑涉恶犯罪以及校园暴力侵害未成年人的违法犯罪行为，有效遏制侵害未成年人违法犯罪的势头。

(4)强化校园周边综合治理，持续深化“护校安园”工作。结合“护校安园”专项工作，治安大队牵头组织辖区派出所针对校园周边存在的突出问题进行重点领域专项整治，加大对校园周边出租房、网吧、游戏厅等重点行业场所排查整治力度，及时发现查处违法违规行为，切实维护校园周边良好的治安秩序。

知识链接

公安机关护校安园工作的总体要求与方案如下：

(1)建立安保长效机制。一是开展校园安全检查。重点针对学校门卫值班登记、防护器械配备、视频监控运行等情况开展检查，不断强化门卫和值班组管理，健全外来人员、车辆登记以及学生接送等安全管理和安全检查制度，杜绝未经许可校外人员进入校园等情况的发生。二是开展法治宣传教育。为在校学生定期开展法治辅导讲座的同时，积极开展"扫黑除恶"专项斗争宣传活动，鼓励学校师生积极举报涉黑涉恶行为。

(2)合力打造平安校园。一是强化保安技能培训。开展校园保安器材使用培训，重点针对保安人员如何处置突发案(事)件、开展急救等技能详细讲解示范，并就如何使用学校配备的长短警棍、钢叉、抓捕器等开展现场模拟演练，指导保安人员正确掌握各类防护器材的使用方法，进一步提升学校专职保安处置各类突发事件的能力，为有效处置校园突发性事件，确保校园内部安全稳定打下基础。二是设立护学岗。由派出所联合交警、学校保安、值日老师等力量，在辖区学校成立护学岗。密切关注校园周边的可疑人员、车辆，切实提高校园周边见警率，增强在校师生安全感。

(3)净化校园周边环境。一是强化治安隐患排查。民警对校园及周边的矛盾纠纷认真进行梳理和排查，积极会同相关部门予以妥善调处，力争将各类矛盾纠纷化解在萌芽状态。同时，对辖区各宾馆、出租房屋进行检查，加强对校园周边出租房、流动人口的管理，严厉打击校园周边的黄、赌、毒等社会丑恶现象，为广大师生创造一个良好的校园周边环境。二是强化校园周边整顿。走访、摸排学校周边饭店、商店等场所，严厉查处使用地沟油、出售假冒伪劣食品等违法行为。

68.政府如何构建适合未成年人生活的环境？

（1）建立基础设施，定期开放相关场所。政府应当建立和改善适合未成年人的活动场所和设施，支持公益性活动场所和设施的建设和运行，鼓励社会力量兴办适合未成年人的活动场所和设施，并加强管理。同时，鼓励和支持学校在国家法定节假日、休息日及寒暑假期将文化体育设施对未成年人免费或者优惠开放。另外，防止任何组织或者个人侵占、破坏学校、幼儿园、婴幼儿照护服务机构等未成年人活动场所的场地、房屋和设施。

（2）持续开展文化环境净化工程。认真落实中央净化社会文化环境的有关精神，综合运用教育、法律、行政、技术和经济等多种手段，对整个城市特别是校园周边环境进行净化。

（3）开展特色文化教育。坚持以“文化品位、现代气息、人文精神”为理念，大力推进特色校园文化建设。例如每年在中小学校开展“践行传统美德”活动或“孝道感恩”活动，既传承了传统文化中的精华，又提升了未成年人的文明素质。

（4）建立社区青少年活动中心，为未成年人创造丰富多彩的课余生活。以社区为平台，成立各类青少年活动中心，为未成年人开展丰富多彩的课余活动提供场所、师资和基本设施。活动中心应定时开放，并有专门的活动场地；配备有教育学、心理学专长的社会工作者，担任未成年人心理辅导员，帮助“问题少年”疏通心理障碍；聘任一批热心的专职、兼职教师，开办各类文、体、美、木工、烹饪、修理、手工制作等兴趣班，为广大青少年培养一技之长；利用节假日开展形式多样的社会实践活动，让未成年人走进自然，热爱自然，帮助他人，提高自身素质。

(5)充分发挥公共文化服务功能，为未成年人提供丰富优良的文化服务和文化产品。公共文化机构服务功能的发挥有利于良好文化环境的形成。可以定期组织学生参观文化名胜古迹场所，培养学生热爱历史、关怀传统的人文精神。同时还可以以文化馆(站)为阵地，开展丰富多彩的适合未成年人的文化娱乐活动。如少儿周末广场演出、少儿歌咏、乐器、舞蹈、表演等比赛活动。

(6)开展培训、演讲活动，丰富家庭教育内涵。家庭教育和学校教育、社会教育一起构成完整的教育系统。相比较而言，家庭教育对人的影响表现的往往更隐蔽、更根本、更持久。忽略家庭教育文化环境的塑造往往不利于整个社会文化氛围的改善，更不利于未成年人的健康成长。广泛开展演讲、培训活动，丰富家庭教育内涵，对充满爱、感恩和正义的文化氛围的营造具有重要意义。其具体做法可以是由政府号召、各社区组织，邀请专家学者就公民道德修养、家庭教育智慧等内容对居民进行演讲和培训；也可以由各中小学校组织安排家长到校，和孩子一起聆听专家学者的报告和演讲，共同营造健康的适宜未成年人成长的文化环境。

知识链接

文化是一个民族的灵魂，优秀传统文化凝聚着中华民族自强不息的精神追求和历久弥新的精神财富，是发展社会主义先进文化的深厚基础，是建设中华民族共有精神家园的重要支撑。在未成年人中加强优秀传统文化教育，是实现中华民族伟大复兴的要求，是推动文化大发展大繁荣的要求，是促进未成年人全面发展的要求。

习近平总书记强调，要切实把社会主义核心价值观贯穿于社会生活的方方面面。要从娃娃抓起、从学校抓起，做到进教材、进课堂、进头脑。

他同时指出，培育和弘扬社会主义核心价值观必须立足中华优秀传统文化。这些重要论述，进一步明确了青少年教育在传承和发展中华优秀传统文化、培育和弘扬社会主义核心价值观中的地位与作用、使命与途径。

69. 政府如何保证未成年人的卫生健康？

(1)各级人民政府及其有关部门应当对未成年人进行卫生保健和营养指导，提供卫生保健服务。

(2)各地卫生健康部门应当依法对未成年人的疫苗预防接种进行规范，防治未成年人常见病、多发病，加强传染病防治和监督管理，做好伤害预防和干预，指导和监督学校、幼儿园、婴幼儿照护服务机构开展卫生保健工作。

(3)积极开展健康教育活动。以健康教育进学校、进社区为契机，开展形式多样、贴近广大未成年人的宣传教育活动。在学校举办心理保健讲座，对未成年人进行心理辅导和心理健康指导，开展心理咨询和健康教育，促进未成年人的身心健康发展。在相关卫生宣传日、禁毒日、健康大课堂等有关大型健康公益宣传和义诊活动中，采取面对面的交流，把健康知识送入社区、送入家庭，树立讲卫生的社会文明新风尚。

(4)开展卫生监督专项活动。针对网吧与游戏机室卫生状况差、影响未成年人健康、群众反映强烈的问题，组织开展专项整治活动，全面加强公共卫生场所的监督管理，按职责对卫生状况不达标的经营户依法进行查处。

(5)加强疾病防控工作。监督和指导中小学校、托幼园(所)的卫生工作，加强对传染病防治工作的监督管理和卫生保健的业务指导。对学生进行生长发育监测，并针对影响学生生长发育的问题，提出干预性措施。结合“爱眼日”“爱牙日”“爱耳日”等活动，组织开展对未成年人进行眼保健、口腔保健和听力保健工作。

知识链接

未成年人应养成良好的卫生习惯。

少年儿童是祖国的未来，从小树立“健康第一”的思想，养成良好的卫生习惯，不仅有利于个人身体的正常发育，提高健康水平，同时也会对家庭卫生、学校卫生和社会公共卫生起到促进作用，是素质教育全面发展的重要内容，更是未来建设者的一项基本素质。《小学生日常行为规范》第九条也明确规定：“衣着整洁，经常洗澡，勤剪指甲，勤洗头，早晚刷牙，饭前便后要洗手……”伴随近年新冠肺炎疫情防控工作的开展和民众健康意识的提高，出门戴口罩、勤洗手、勤通风现已成为多数人的自觉行为。

卫生习惯不是小节，培养孩子讲卫生的习惯，是一件很重要的事情，要从小抓起。作为未成年人，要从小养成注重个人卫生的习惯；作为家长，要以身作则，严格约束；作为老师，要为人师表，身正为范。

70. 政府如何保证未成年人的心理健康？

教育行政部门应当加强未成年人的心理健康教育，建立未成年人心理问题的早期发现和及时干预机制。卫生健康部门应当做好未成年人心理治疗、心理危机干预以及精神障碍早期识别和诊断治疗等工作。具体而言，应从以下方面做起：

(1)优化学校心理健康教育机制。当前，我国整体心理健康教育尚未全面普及，中学阶段虽大多设有心理健康课程，但面临专业师资匮乏等问题。因此，需要继续优化未成年人学校心理健康教育机制。增加心理健康教育专项经费，设立校园心理健康教育专项资金，实行专款专用，用于学校心理健康教育活动、师资及心理咨询室、心理档案室等相关配套设施的规划和建设，为学校心理健康教育的规范化建设提供资金保障。通过举行定期培训等多种措施，提升学校心理健康教育专业教师的水平，逐步建立一支专业知识过硬，既有丰富的实践经验又有扎实理论基础的心理健康教育专业教师队伍。同时，要加强对全体教师心理健康教育知识的普及，使其成为一支强大的兼职心理健康教育教师队伍，提高学校心理健康教育的整体水平。此外，还要丰富学校心理健康教育的形式，可以通过课堂、网络等多种路径，采取公开演讲、文艺演唱等多种方式，丰富学校心理健康教育活动的具体形式，向未成年学生普及心理健康知识，调节未成年学生的心理情绪，陶冶未成年学生的情操，促进未成年学生的心理健康。

(2)完善家庭心理健康教育。家庭教育对未成年人心理的发展具有重要影响。因此，有必要完善未成年人家庭心理健康教育，提高家长参与未成年人心理健康教育的能力。明确未成年人家庭心理健康教育的责任。虽然关于未成年人心理健康教育的机构很多，但是在未成年人心理成长最重要的家庭教育阶段，学校和社会都很难深度介入。因此，必须要明确家长承担心理健康教育的责任，提高对未成年人进行心理健康教育的主动性，掌握未成年人心理健康教育的科学方法。进行未成年人家庭心理健康教育，还应该掌握科学的教育方法，明确教育的内容，注重教育的具体策略，与学校和社会的心理健康教育形成互补，才能真正促进未成年人心理健康发展。通过“家长学校”加强对家长的指导和帮助。加强针对家庭的心理健康教育机构建设，有针对性地设立一些由心理专家任教的“家长学校”，强制存在严重心理问题的未成年人父母进校学习,加强对家长的指导和帮助。

(3)强化政府职责。政府在引导和推进未成年人心理健康教育实施方面起着重要的领导和保障作用。实践中,鉴于未成年人心理健康教育问题的系统性,建议构建由党委政府领导、多部门参与的工作机制,明确专职部门和专职人员的具体责任,建立严格的、可操作的工作考核制度。政府应当成立公益性官方专业机构为未成年人提供心理咨询,建立对广大未成年人免费开放的未成年人成长指导中心或咨询中心,开通为未成年人提供24小时心理健康咨询服务的热线电话,利用微博、微信等新媒体平台搭建未成年人心理健康咨询平台。另外,应构建未成年人心理健康强制矫治制度,对于存在严重心理问题而导致行为失范的未成年人给予一定期限的观察期,如果其监护人仍然不愿或不能制止其行为,就应该及时协同司法、社会工作者等部门介入,甚至采取一定的措施(如转入特殊教育学校、指定社会工作者监护人等),避免给家庭和周围的未成年人带来更大的伤害。

(4)引导社会力量参与。未成年人心理健康教育是一项系统工程,需要坚持多渠道发展的方针,引导各利益相关方乃至全社会广泛参与。引导社会组织参与未成年人心理健康教育,降低其参与门槛,简化其成立程序,鼓励社会组织参与兴办未成年人心理健康教育咨询机构和网络,利用社会组织心理咨询服务的灵活优势,通过多方位的心理辅导来调节和疏导未成年人群体心理发展。为应对较少有人主动寻求心理健康服务的状况,可以在专业化的社会工作者机构与学校、企业、医院之间建立沟通机制,由社会工作者负责主动摸排,再根据受助者的不同需求转给不同机构进行心理健康教育,实现学校、企业、医院和社会工作者机构之间的多方互补。优化社区未成年人心理健康教育,完善社区承担未成年人心理健康教育的直接引导、指导、宣传教育等任务的角色,推动社区成为社会力量参与未成年人心理健康教育的交流与合作平台，让社区成为未成年人心理健康教育机制的重要参与者。

知识链接

新修订的《预防未成年人犯罪法》强调要健全青少年心理干预机制。

未成年人的身心发展不成熟，遇到挫折容易出现各种心理问题。新修改的《预防未成年人犯罪法》对此规定，未成年人的父母或者其他监护人应当依法履行监护职责，树立优良家风，培养未成年人良好品行；发现未成年人心理或者行为异常的，应当及时了解情况并进行教育、引导和劝诫。

学校应当配备专职或者兼职的心理健康教育教师，开展心理健康教育。学校可以根据实际情况与专业心理健康机构合作，建立心理健康筛查和早期干预机制，预防和解决学生心理、行为异常问题。教育行政部门鼓励和支持学校聘请社会工作者长期或者定期进驻学校，协助开展道德教育、法治教育、生命教育和心理健康教育。

对那些因不满法定刑事责任年龄不予刑事处罚的孩子，经专门教育指导委员会评估同意后，教育行政部门会同公安机关可以决定对其进行专门矫治教育。

71. 政府如何保证困境未成年人的基本需要？

各级人民政府及其有关部门对困境未成年人实施分类保障，采取措施满足其生活、教育、安全、医疗康复、住房等方面的基本需要。困境未成年人主要包括以下对象：

(1)散居孤儿、处于流浪或者有流浪经历的未成年人；

(2)因监护人服刑、吸毒、重病、重残等原因导致监护缺失的未成年人;

(3)遭受家庭暴力、虐待、遗弃、拐卖、性侵、故意伤害等侵害的未成年人;

(4)自身遭遇重病重残等特殊困难的未成年人;

(5)低保户家庭因贫困难以健康成长的未成年人;

(6)被法院判处刑罚、在社区接受矫正的未成年人;

(7)因涉嫌轻微违法犯罪由检察机关作出不起诉和附条件不起诉,急需帮抚、帮教、就业培训以及法定代理人不尽监护义务的未成年人;

(8)尚未被民政部门认定为孤儿但事实无人监护的未成年人;

(9)由相关职能部门和单位提出,经市困境未成年人社会保护工作联席会议研究确定的其他未成年人。

政府应从以下方面做起,以保证困境未成年人的基本需要:

(1)民政部门要组织社区(村居)开展困境未成年人随访和定期回访,对困境未成年人有可能受到侵害或面临重大困难的,社区(村居)要及时向民政和公安等部门报告;对尚未落实监护人的困境未成年人,要按照《中华人民共和国民法典》的规定落实监护人。

(2)落实流浪未成年人各项救助保护工作,劝告、引导流浪未成年人向公安机关、未成年人保护中心求助,或及时向公安机关报警。

(3)民政部门要统筹开展困境未成年人家庭监护能力和寄养、收养家庭监护能力评估工作,发动社会力量对监护人履行职责的情况进行监督,特别是要督促家长依法履行第一保护人的职责和义务。

(4)全面建立以困境未成年人为重点的儿童福利制度和应急救助机制,按规定落实好困境未成年人基本生活保障。

需要注意的是,救助困境未成年人工作由当地民政局、公安局,各县(市)、区政府(管委会)负责。

知识链接

2016年6月13日,《关于加强困境儿童保障工作的意见》(以下简称《意见》)由国务院发布,自2016年6月13日起实施。《意见》是为了加强困境儿童保障工作,确保困境儿童生存、发展、安全权益得到有效保障而制定的法规。

《意见》强调要以促进困境儿童全面发展为出发点和落脚点,坚持问题导向,优化顶层设计,强化家庭履行抚养义务和监护职责,综合运用社会救助、社会福利和安全保障等政策措施,分类施策,精准帮扶,为困境儿童的健康成长营造良好环境。要加快形成家庭尽责、政府主导、社会参与的困境儿童保障工作格局,建立健全与我国经济社会发展水平相适应的困境儿童分类保障制度,困境儿童服务体系更加完善,全社会关爱保护儿童的意识明显增强,困境儿童的成长环境更为改善、安全更有保障。

72. 民政部门对未成年人临时监护的情形有哪些?

具有下列情形之一的,民政部门应当依法对未成年人进行临时监护:

(1)未成年人流浪乞讨或者身份不明,暂时查找不到父母或者其他监护人;

(2)监护人下落不明且无其他人可以担任监护人;

(3)监护人因自身客观原因或者因发生自然灾害、事故灾难、公共卫生事件等突发事件不能履行监护职责,导致未成年人监护缺失;

(4)监护人拒绝或者怠于履行监护职责,导致未成年人处于无人照料的状态;

(5)监护人教唆、利用未成年人实施违法犯罪行为,未成年人需要被带离安置；

(6)未成年人遭受监护人严重伤害或者面临人身安全威胁，需要被紧急安置；

(7)法律规定的其他情形。

知识链接

我国法律规定未成年人的第一法定监护人是其父母。一般来说，未成年人、精神病患者及其他有严重精神障碍的人，都应设置监护人。我国《中华人民共和国民法典》规定的监护人有以下三种情况：

被监护人的近亲属，包括父母、成年子女、配偶、兄弟姐妹、祖父母、外祖父母、孙子女、外孙子女。

关系密切的其他亲属和朋友。这些人虽然与近亲属不同，没有必须担任监护人的法律义务，但是，有些人是自愿承担监护责任的，经所在单位或者居委会、村委会同意，可以担任监护人。

如果没有上述监护人，则由社会和国家负责，由所在单位或者居委会、村委会或者民政部门担任监护人。

73. 民政部门对未成年人临时监护的方式有哪些？

对临时监护的未成年人，民政部门可以采取委托亲属抚养、家庭寄养等方式进行安置，也可以交由未成年人救助保护机构或者儿童福利机构进行收留、抚养。

临时监护期间，经民政部门评估，监护人重新具备履行监护职责条件的，民政部门可以将未成年人送回监护人抚养。

知识链接

2021年6月1日实施的《中华人民共和国未成年人保护法》就监护问题进行了明确。法律规定民政部门代表国家承担监护兜底职责。民政部将进一步落实落细临时监护和长期监护职责。一是研究制定临时监护和长期监护的工作细则；二是加强未成年人救助保护机构建设；三是提升监护质量。

74. 民政部门对未成年人长期监护的情形有哪些？

具有下列情形之一的，民政部门应当依法对未成年人进行长期监护：

(1)查找不到未成年人的父母或者其他监护人；

(2)监护人死亡或者被宣告死亡且无其他人可以担任监护人；

(3)监护人丧失监护能力且无其他人可以担任监护人；

(4)人民法院判决撤销监护人资格并指定由民政部门担任监护人；

(5)法律规定的其他情形。

民政部门进行收养评估后，可以依法将其长期监护的未成年人交由符合条件的申请人收养。收养关系成立后，民政部门与未成年人的监护关系终止。

知识链接

收养是变更身份关系的重要民事法律行为，涉及对儿童的抚养、教育及财产继承等一系列民事关系。为切实保障收养关系人合法权益，我国制定了和收养相关的法律法规，建立了严格的收养登记制度。根据这些规定，只有依法在民政部门登记，收养关系才能成立。

据民政部统计，2014 年至 2018 年 5 年间，全国共办理收养登记 97819 例。其中，中国公民收养 85581 例，占全部收养登记的 87.5%；外国人收养 12238 例，占全部收养登记的 12.5%，其中外国人收养残疾儿童 11468 名，占涉外收养的 95%。

75. 各级政府如何保护未成年人？

（1）民政部门承担临时监护或者长期监护职责的，财政、教育、卫生健康、公安等部门应当根据各自职责予以配合。

（2）县级以上人民政府及其民政部门应当根据需要设立未成年人救助保护机构、儿童福利机构，负责收留、抚养由民政部门监护的未成年人。

（3）县级以上人民政府应当开通全国统一的未成年人保护热线，及时受理、转介侵犯未成年人合法权益的投诉、举报；鼓励和支持人民团体、企业事业单位、社会组织参与建设未成年人保护服务平台、服务热线、服务站点，提供未成年人保护方面的咨询、帮助。

（4）国家建立性侵害、虐待、拐卖、暴力伤害等违法犯罪人员信息查询系统，向密切接触未成年人的单位提供免费查询服务。

（5）地方人民政府应当培育、引导和规范有关社会组织、社会工作者参与未成年人保护工作，开展家庭教育指导服务，为未成年人的心理辅导、康复救助、监护及收养评估等提供专业服务。

知识链接

民政部是国务院管理有关社会行政事务的职能部门，主要负责专项社会行政事务管理、基层民主政治建设、社会救助与福利、服务军队和国防建设等方面的工作。民政工作事关民生、民权、民利，与人民群众的利益息息相关。所以，未成年人的相关问题由民政部统一管理，其他部门需积极配合。

第六章　司法保护

76. 司法机构如何保护未成年人?

(1)公安机关、人民检察院、人民法院和司法行政部门应当依法履行职责,保障未成年人合法权益;

(2)公安机关、人民检察院、人民法院和司法行政部门应当确定专门机构或者指定专门人员,负责办理涉及未成年人案件。办理涉及未成年人案件的人员应当经过专门培训,熟悉未成年人身心特点。专门机构或者专门人员中,应当有女性工作人员;

(3)公安机关、人民检察院、人民法院和司法行政部门应当对上述机构和人员实行与未成年人保护工作相适应的评价考核标准。

知识链接

2021年6月1日起施行的《中华人民共和国未成年人保护法》第七章对司法机关在未成年人保护中的职责进行了明确,为司法机关回应新挑战、解决新问题提供了明确指引和操作规范,着力为未成年人健康成长提供更全面的法治保障。

明确公、检、法、司在保障未成年人合法权益中的职责。

明确法律援助机构或者公、检、法、司的法律援助或者司法救助义务。

明确检察机关对未成年人诉讼活动的法律监督和公益诉讼制度。

明确人民法院对未成年人民事权利的保护职责。

77. 司法机构处理未成年人案件有哪些原则？

公安机关、人民检察院、人民法院和司法行政部门办理涉及未成年人案件，应当考虑未成年人身心特点和健康成长的需要，使用未成年人能够理解的语言和表达方式，听取未成年人的意见。在处理未成年人案件时，应坚持以下原则：

(1)从宽处理原则。根据《中华人民共和国刑法》规定："已满十四周岁不满十八周岁的人犯罪应当从轻或者减轻处罚"，根据该原则，对已满十四周岁不满十八周岁的未成年人犯罪，原则上不应判处法定最高刑。

(2)不适用死刑原则。根据《中华人民共和国刑法》"犯罪的时候不满18周岁的人和审判时怀孕的妇女，不适用死刑"的规定，未成年人不论犯何罪均不应判处死刑。这是刚性要求，不允许有任何例外。所谓"犯罪的时候"是指实施犯罪行为的时候。如果犯罪时不满18周岁，即使审判时已满18周岁也应适用本条规定。之所以规定对不满18周岁的人不适用死刑，主要在于死刑是一种最严厉的刑罚，它关系到犯罪人的生死存亡。未成年人处于生理与心理发育过程中，认识能力和控制能力比较弱。因此，尚未达到罪行极其严重、不堪改造的程度，均不适用死刑。

(3)教育、感化和挽救原则。《中华人民共和国预防未成年人犯罪法》规定："对犯罪的未成年人追究刑事责任，实行教育、感化、挽救方针，坚持教育为主、惩罚为辅的原则。"从法律上明确了司法机关办理未成年人刑事案件时应遵循的基本原则。教育、感化和挽救原则要求司法人员在办理未成年人案件时要正确处理惩罚和教育的关系。应将教育工作放在突出的位置，坚持教育为主、惩罚为辅的原则。司法人员对未成年人要坚持攻心为主，像父母对孩子、教师对学生一样，针对其个人特点，动之以情，晓之以理，使之认识到自己行为的危害性。

这一原则要求司法人员处理未成年人案件时既要注意查清事实，又要及时对未成年人进行教育和感化。教育和感化是处理未成年人案件的重要原则。对未成年人的教育和感化要注意挖掘犯罪发生的深层次根源，剖析未成年人犯罪的根本动因，对症下药，深入进行心理教育，使其真正认罪伏法，并能正确对待将要面临的刑事处罚。

(4)分案处理原则。分案处理是指对未成年人案件与成年人案件实行诉讼程序分离、分别关押、分别执行。诉讼程序分离是指未成年人与成年人共同犯罪或有牵连的案件，只要不妨碍诉讼，要分案处理。分别关押是指对未成年人适用拘留、逮捕等强制措施时，要将未成年人和成年人分别关押看管。

《中华人民共和国预防未成年人犯罪法》明确规定："对被拘留、逮捕和执行刑罚的未成年人与成年人应当分别关押、分别管理、分别教育。"分别执行是指对未成年人的已生效的判决、裁定的执行，要同成年人分开，不能放在同一场所，以防止成年罪犯对未成年罪犯产生不良影响。我国的司法实践中，未成年罪犯的执行场所一般为少年犯管教所。

(5)保障未成年人依法享有的诉讼权利的原则。未成年人在刑事诉讼过程中，除保障其享有《刑事诉讼法》所规定的作为任何犯罪嫌疑人、被告人所享有的诉讼权利以外，还要注意认真落实其作为未成年人所享有的一些特别权利。主要包括以下两方面的权利：

①法定代理人的在场权。《刑事诉讼法》规定："对于不满 18 岁的未成年人犯罪的案件，在讯问和审判时，可以通知犯罪嫌疑人、被告人的法定代理人到场。"《公安机关办理未成年人违法犯罪案件的规定》规定：

"讯问违法犯罪的未成年人时，根据调查案件的需要，除有碍侦查或者无法通知的情形外，应当通知其家长或者监护人或者教师到场。"

依照上述规定，未成年犯罪嫌疑人、被告人在接受讯问和审判时，可以提出要求，让其法定代理人到场。未成年人心理尚未成熟，法定代理人在讯问、审判时到场，有利于未成年人的情绪稳定，也有利于诉讼的顺利进行。为保障诉讼目的实现，司法机关在没有妨碍诉讼进行的例外情况时，一般应通知法定代理人到场。

②获得指定辩护的权利。《刑事诉讼法》规定："被告人是盲、聋、哑或者未成年人而没有委托辩护人的，人民法院应当指定承担法律援助义务的律师为其提供辩护。"未成年人作为被告人时，其诉讼地位决定了其行使辩护权的困难，且未成年人这一主体的特点也决定了获得辩护人帮助的迫切性。

(6)不公开审理的原则。不公开审理原则是指法院在审理未成年案件时，不对社会公开，不允许旁听和记者采访。《刑事诉讼法》第 285 条规定:14 岁以上不满 16 岁未成年犯罪的案件，一律不公开审理。16 岁以上不满 18 岁未成年人犯罪的案件，一般也不公开审理。不公开审理原则只是指审判过程不公开，对判决的宣告应公开进行。

(7)全面调查的原则。全面调查原则是指司法人员在处理未成年人案件时，不能仅从处罚的目的出发，满足于对案件事实和证据的调查。还要基于教育、挽救的目的，对未成年人的生理、心理状况及其生活环境进行全面的调查，必要时还要进行医疗检查和心理学、精神病学判断。

全面调查原则应贯穿刑事诉讼的始终，而不限于法庭调查。贯彻全面调查原则，可以全面把握未成年人的生活、成长环境，了解其人格、素质等情况，查明犯罪的原因和条件。这不但有利于正确处理案件，而且对未成年人的教育、改造也是很有帮助的。

(8)迅速简约的原则。迅速简约原则是指在办理未成年人案件中，在诉讼的各个阶段，都要尽可能地缩短时间，提高诉讼效率，简化程序，争取早日结案。对未成年人案件实现迅速简约原则是为了保证未成年人能尽早摆脱诉讼过程的困扰，避免未成年人因繁杂漫长的诉讼过程而承受过重的心理负担，以致产生抵触情绪，会对其教育和改造产生不良影响。在贯彻该原则时，要注意“度”，在保证质量的前提下实现迅速简约。

知识链接

未成年人不同于成年人，他们在生理、心理上具有以下特点：生理方面，未成年人身体的各种器官发育尚不完备，显得非常柔弱；青春期的未成年人身体发育速度加快，并渐趋成熟，特别是性成熟所产生的性差别明确化及性本能出现，身体各器官及功能急剧变化。此时，他们对物质、精神上的渴求极为强烈。这种生理变化使他们在适应社会方面常遇到困惑与不安，若不能及时地加以保护与引导，很容易导致人格、心灵的扭曲。心理方面，童年期的未成年人对成年人的依恋感、依赖性较强，角色意识、自我中心意识较强；青春期的未成年人心理上渐趋成熟，独立意识产生，对成年人的依赖性减弱，情感色彩强烈，易冲动，此时的心理矛盾性明显，心理处于较复杂的状态。

从某种意义上说，未成年人的身心发育正处于一个由不成熟向成熟的过渡时期，他们的人生观、价值观、世界观等思想体系也正处在形成之中。这个时期非常需要家庭、学校、社会等方面给予特别的关心、爱护、引导与帮助。

78. 司法机构如何保护未成年人的隐私？

(1)公安机关、人民检察院、人民法院、司法行政部门以及其他组织和个人不得披露有关案件中未成年人的姓名、影像、住所、就读学校以及其他可能识别出其身份的信息，但查找失踪、被拐卖未成年人等情形除外。

(2)公安机关、人民检察院、人民法院办理未成年人犯罪的案件，应当照顾未成年人的身心特点，并可以根据需要设立专门机构或者指定专人办理。公安机关、人民检察院、人民法院和少年犯管教所，应当尊重违法犯罪未成年人的人格尊严，保障他们的合法权益。

(3)公安机关、人民检察院、人民法院对审前羁押的未成年人，应当与羁押的成年人分别看管。对经人民法院判决服刑的未成年人，应当与服刑的成年人分别关押、管理。

(4)对于十四周岁以上不满十六周岁的未成年人犯罪的案件，一律不公开审理。十六周岁以上不满十八周岁的未成年人犯罪的案件，一般也不公开审理。

(5)对未成年人犯罪案件，在判决前，有关的新闻报道、影视节目、公开出版物等不得披露该未年成人的姓名、住所、照片及可能推断出该未成年人的资料。

知识链接

对未成年人隐私的保护不仅体现在审理相关案件时，在任何情况下，未成年人的隐私都要受到保护。

《中华人民共和国未成年人保护法》规定，对未成年人的个人隐私保护主要包括以下几点：

(1)任何组织或者个人不得披露未成年人的个人隐私。

(2)对未成年人的信件、日记、电子邮件,任何组织或者个人不得隐匿、毁弃。

(3)除因追查犯罪的需要,由公安机关或者人民检察院依法进行检查,或者对无行为能力的未成年人的信件、日记、电子邮件由其父母或者其他监护人代为开拆、查阅外,任何组织或者个人不得开拆、查阅。

79. 司法机构如何为未成年人提供法律援助?

法律援助是指国家通过依法设立机构及组织人员,对某些经济困难和特殊案件的当事人提供免收、减收、缓收诉讼费用等帮助的一种法律救济制度,是一项扶助贫弱、保障社会弱势群体合法权益的社会公益事业,同时也是我国实践依法治国方略,全面建设小康社会的重要举措。未成年人的法律援助是国家为了保证法律赋予的未成年人各项权利的实现,对涉案的未成年人提供免费法律服务的制度。作为法律援助制度不可或缺的一部分,为未成年人犯罪嫌疑人、被告人提供法律援助具有维护司法公正和保护未成年人健康成长的重要意义。司法机构主要通过以下途径为未成年人提供法律援助:

(1)对需要法律援助或者司法救助的未成年人,法律援助机构或者公安机关、人民检察院、人民法院和司法行政部门应当给予帮助,依法为其提供法律援助或者司法救助。

(2)法律援助机构应当指派熟悉未成年人身心特点的律师为未成年人提供法律援助服务。

(3)法律援助机构和律师协会应当对办理未成年人法律援助案件的律师进行指导和培训。

国家为未成年人提供法律援助的范围主要有以下两类:一类是当未成年人为犯罪嫌疑人、被告人时,如果其没有委托辩护人,人民法院、人民检察院、公安机关应当通知法律援助机构指派律师为其提供辩护。法律援助机构在接到通知后,应当指派律师提供辩护。另一类是当未成年人为被害人时,如果其因经济困难没有委托诉讼代理人的,可以向办理案件的人民检察院、人民法院所在地同级司法行政机关所属法律援助机构提出申请,法律援助机构受理申请后对其提供援助。

知识链接

未成年的监护人应代未成年人申请法律援助,需要提交的证明材料如下:

(1)身份证或者其他有效的身份证明,代理申请人还应当提交有代理权的证明;

(2)经济困难的证明;

(3)与所申请法律援助事项有关的案件材料。

申请应当采用书面形式,填写申请表;以书面形式提出申请确有困难的,可以口头申请,由法律援助机构工作人员或者代为转交申请的有关机构工作人员作书面记录。

申请人对法律援助机构作出的不符合法律援助条件的通知有异议的,可以向确定该法律援助机构的司法行政部门提出,司法行政部门应当在收到异议之日起5个工作日内进行审查,经审查认为申请人符合法律援助条件的,应当以书面形式责令法律援助机构及时对该申请人提供法律援助。

80. 司法机构如何维护未成年人的权益?

(1)未成年人合法权益受到侵犯，相关组织和个人未代为提起诉讼的，人民检察院可以督促、支持其提起诉讼；涉及公共利益的，人民检察院有权提起公益诉讼。

(2)人民法院审理继承案件，应当依法保护未成年人的继承权和受遗赠权。

(3)根据法律规定，侵犯未成年人的人身权利和其他权利，构成犯罪的，依法追究刑事责任。其中，虐待未成年家庭成员，情节恶劣的，以虐待罪处罚；对未成年人负有抚养义务而拒绝抚养，情节恶劣的，以遗弃罪处罚；向未成年人传播淫秽物品的，从重处罚；教唆未成年人犯罪的，从重处罚；奸淫幼女的，从重处罚；引诱、教唆、强迫未成年人吸食、注射毒品或卖淫的，从重处罚。

(4)突出重在预防，提升未成年人法律意识。强化部门协作，深化《中华人民共和国宪法》《中华人民共和国未成年人保护法》《中华人民共和国预防未成年人犯罪法》宣传和“送法进校园”活动。强化与妇联等部门联动，针对留守儿童家庭，深化“送法下基层”，提供精准法治宣传和法律服务。

(5)深化法律援助服务，维护未成年人合法权益。依托地方法律援助中心、法律援助工作站、法律援助联络点等，完善未成年人法律援助机制和服务网络，对未成年人遭受家庭暴力、虐待、遗弃、请求支付抚养费、人身损害赔偿等维权申请一律免予经济审查，提供优先受理、优先指派、优先代理服务。健全未成年人法律援助案件质量监督机制，加强过程监管，强化质量评查，提升未成年人法律援助案件办理质量。

(6)强化教育帮扶,护航未成年人健康成长。扎实开展未成年人社区矫正工作,严格落实单独报到、单独管理、档案封存等制度,给予未成年社区矫正对象更多司法关怀,严防“标签效应”。结合未成年社区矫正对象的心理特点、成长经历、犯罪原因、监护条件等,坚持以育为本、以帮为要,加强与学校、社区、家庭沟通联系,遵循教育、感化、挽救方针,借力第三方力量,强化心理咨询,疏导心理症结,落实有的放矢的矫正措施,帮助未成年矫正对象重树正确的世界观和人生观,促其早日回归、健康成长。

知识链接

青少年是祖国的未来,加强青少年法治教育十分重要。全国各地的司法系统积极开展“送法进校园”的活动,帮助青少年从小树立法治意识,学会运用法律保护自己和约束自己,护航青少年健康成长,全力提升青少年学生预防犯罪和自我保护意识。

司法工作人员以案释法、以法论事,宣讲最新的《中华人民共和国民法典》《中华人民共和国未成年人保护法》。以生动鲜活的案例,告诫学生们引以为戒,遵纪守法,学会运用法律维护自身的合法权益。针对盗窃、敲诈等违法犯罪行为,向学生们普及预防和打击犯罪的重要性以及自我保护的方法。通过播放禁毒宣传片,向广大师生讲解什么是毒品、毒品的危害、新型毒品的种类以及青少年如何防范毒品等禁毒知识。对校园霸凌、家庭暴力等相关问题也做了详细的解释以及预防举报措施。

81. 父母离婚时,如何保护未成年人的权益?

(1)人民法院审理离婚案件,涉及未成年子女抚养问题的,应当尊重已满八周岁未成年子女的真实意愿，根据双方具体情况，按照最有利于未成年子女的原则依法处理。

(2)离婚时，明确家庭财产的种类、性质和范围，父母分割财产的行为，不能侵犯未成年子女的财产权利，即父母不能协议处分依法归未成年子女所有的财产，否则就承担返还或者赔偿的民事责任。

(3)离婚时，对夫妻共有财产的分割应保护未成年子女的合法权益，为了更有利于离婚后未成年子女的生活和教育，应对抚养子女一方予以倾斜和照顾，并且对于有些共有财产以赠与的方式确定其权利归未成年子女享有或者所有。抚养未成年子女一方只是在共同生活期间有权使用。

(4)抚养子女的父方或者母方必须严格履行对未成年子女的监护责任，保护管理归未成年人所有的财产，维护未成年子女的利益，不得对未成年子女所有的财产实施处分行为。

(5)父母离婚时，不直接对未成年子女行使亲权的一方，应给付抚养教育费用；获得抚养教育费用是未成年子女基于身份而产生的一项财产权利。依法承担给付抚养费义务而不履行给付义务的，子女可依法行使诉讼权，请求法律保护，不履行给付义务情节恶劣者，造成未成年子女身心损害的，将依法追究其刑事责任。

(6)离婚时确定的抚养费数额，在离婚后若发生变化，不能满足未成年子女抚养和教育的需要，或者有其他特殊需要以及父母双方的经济条件发生重大变更时，可以依法予以变更，包括增加、减少或者免除。

(7)离婚时，父母亲一方确无经济收入或者下落不明的，应当用其财物折抵未成年子女的抚养费，以利于未成年子女的成长。

知识链接

父母离婚对未成年人会造成极大的影响，无论是生活上还是心理上，甚至会影响他们的人格发展，影响他们未来的人生道路。

父母离婚后，未成年子女首先得不到良好的生活保障。父母离婚对未成年子女的负面影响确实存在，尤其是一些家庭的经济状况因此而恶化，严重影响未成年人的生活环境、生存需求。处在单亲家庭的未成年人也很难得到足够的生活照料和日常关怀。

其次，未成年人心理会留下创伤和阴影，特别是对一些内向敏感的孩子。不完整的家庭让他们缺少正常的情感体验，内心的情感需求得不到满足，容易造成内心和价值观的扭曲，形成极端或有缺陷的人格特征。

82. 哪些情况下，应撤销未成年人父母或监护人的监护资格？

未成年人父母或监护人存在下列情形的，人民法院可以判决撤销其监护资格：

(1)不依法履行监护职责或者严重侵犯被监护的未成年人合法权益的，人民法院可以根据有关人员或者单位的申请，依法作出人身安全保护令或者撤销监护人资格；

(2)性侵害、出卖、遗弃、虐待、暴力伤害未成年人，严重损害未成年人身心健康的；

(3)将未成年人置于无人监管和照看的状态，导致未成年人面临死亡或者严重伤害危险，经教育不改的；

(3)拒不履行监护职责长达六个月以上，导致未成年人流离失所或者生活无着的；

(4)有吸毒、赌博、长期酗酒等恶习无法正确履行监护职责或者因服刑等原因无法履行监护职责，且拒绝将监护职责部分或者全部委托给他人，致使未成年人处于困境或者危险状态的；

(5)胁迫、诱骗、利用未成年人乞讨，经公安机关和未成年人救助保护机构等部门三次以上批评教育拒不改正，严重影响未成年人正常生活和学习的；

(6)教唆、利用未成年人实施违法犯罪行为，情节恶劣的；

需要注意的是，被撤销监护人资格的父母或其他监护人应当依法继续负担抚养费用。

法定监护是由法律直接规定监护人范围和顺序的监护。法定监护人可以由一人或多人担任。《中华人民共和国民法典》规定，未成年人的父母是未成年人的监护人。父母对子女享有监护权，是第一顺位监护人。未成年人的父母死亡或没有监护能力的，依次由祖父母和外祖父母、兄姐、关系密切的亲属或朋友、父母单位和未成年人住所地的居委会或村委会、民政部门担任监护人。

法定监护人有前者优先于在后者担任监护人的效力，但法定顺序可以依监护人的协议而改变，前一顺序监护人无监护能力或对被监护人明显不利的，人民法院有权从后一顺序中择优确定监护人。父母作为未成年人法定的监护人，自然在一般情况下对未成年人享有监护的权利。而在父母去世或者不具有监护能力的情况下，可以选择其他的近亲属作为监护人。

知识链接

我国对监护人的处罚力度十分有限，当监护人没有履行应尽的职责时，人民法院会依法撤销其监护资格，再另行指定监护人，但不会对监护人再做进一步的处罚。

当未成年人因监护人的疏于照顾而受到伤害，或是监护人对被监护人进行打骂、折磨等行为时，如果被监护人没有受到严重的致命伤害，监护人一般不会受到相应的处罚，大多以批评教育为主。但批评教育显然起不到威慑作用，因此很容易重蹈覆辙，让未成年人受到二次伤害甚至多次伤害。

造成这种现象的原因，一是我国相关的法律制度不够完善，执行力度不够彻底；二是相关的儿童福利制度不够健全，因为一旦对监护人进行行政处罚甚至刑事处罚，而其他监护人又不愿履行责任时，失去监护人的儿童很容易处于无人照顾的状态。

83. 司法机构审讯涉及未成年人时，应注意哪些问题？

(1)人民法院审理离婚、抚养、收养、监护、探望等案件涉及未成年人的，可以自行或者委托社会组织对未成年人的相关情况进行社会调查。

(2)公安机关、人民检察院、人民法院讯问未成年犯罪嫌疑人、被告人，询问未成年被害人、证人，应当依法通知其法定代理人或者其成年亲属、所在学校的代表等合适成年人到场，并采取适当方式，在适当场所进行，保障未成年人的名誉权、隐私权和其他合法权益。

(3)人民法院开庭审理涉及未成年人案件，未成年被害人、证人一般不出庭作证；必须出庭的，应当采取保护其隐私的技术手段和心理干预等保护措施。

知识链接

凡是涉及到未成年人案件的审理，我国的司法机构一般都会奉行保护未成年人，从轻处理，以教育改正为目的的原则。但面对如今愈演愈烈的青少年犯罪，未成年保护制度逐渐成为严惩凶手的一道“障碍”。从未成年人保护制度实施的实际效果来看，一些看似人性化的措施其实并未达到制度设立时的初衷，反而使行凶者变得更加肆无忌惮，手段变得越来越血腥、残暴，甚至是毫无人性。

死刑作为最严厉的惩罚制度，需要慎之又慎，尤其是在对未成年人使用死刑上。但是慎刑并不意味着偏袒纵容，如果宽大的刑罚无法收到良好的教育效果，那么也许只有严刑才能平衡社会各方利益，维护社会秩序。因为只有当自己的生命面临死刑威胁的时候，人们才会慎重考虑犯罪的代价，才知道尊重他人的生命。

84. 司法机构审理未成年人性侵或暴力伤害案件时，应注意哪些问题？

公安机关、人民检察院、人民法院应当与其他有关政府部门、人民团体、社会组织互相配合，对遭受性侵害或者暴力伤害的未成年被害人及其家庭实施必要的心理干预、经济救助、法律援助、转学安置等保护措施。

知识链接

最高法发布《关于适用〈中华人民共和国刑事诉讼法〉的解释》，其中要求审理未成年人遭受性侵害或者暴力伤害案件，询问未成年被害人、证人时，应当采取同步录音录像等措施，尽量一次完成；并且，讯问未成年人，其法定代理人或者其他合适成年人不在场的，对其供述应当依法予以排除。

85. 司法机构保护未成年人的其他职责有哪些?

公安机关、人民检察院、人民法院和司法行政部门发现有关单位未尽到未成年人教育、管理、救助、看护等保护职责的,应当向该单位提出建议。被建议单位应当在一个月内作出书面回复。

公安机关、人民检察院、人民法院和司法行政部门应当结合实际,根据涉及未成年人案件的特点,开展未成年人法制宣传教育工作。

知识链接

不断夯实未成年人思想道德建设根基。加强和改进未成年人思想道德建设,是关系国家前途和民族命运的战略工程,也是关系经济发展和社会进步的基础工程,还是关系国家富强和民族复兴的希望工程,更是关系亿万家庭切身利益的最大的民心工程。各级政府要充分发挥职能作用,广泛调动全社会的积极性,大力开展未成年人法制宣传教育,坚持"三贴近、两结合"的原则,即:贴近实际、贴近生活、贴近未成年人,学法和实践相结合、教育和规范相结合的原则。以学校为阵地、以家庭为依托、以社会为网络,努力营造尊重、爱护、关心、帮助未成年人的良好社会氛围。

86. 公安机关办理未成年人案件时,应注意哪些事项?

公安机关办理未成年人违法犯罪的案件,不能少于两人,应当设置专门机构或专职人员承办未成年违法犯罪案件,不能公开批露未成人的姓名、住所和影像等相关信息。询问违法犯罪的未成年人，可在公安机关进行，也可以在未成年人的住所、单位或学校进行。对于在校学习的未成年人不能影响其正常学习。在询问违法犯罪的未成年人时，只要不是妨碍侦查或者无法通知，公安机关应当通知未成年人的家长或其他监护人或老师到场。另外，公安机关不可以使用威胁、恐吓、引诱、欺骗等手段从未成年人那里获得证据，更不可以刑讯逼供。

询问未满18周岁的未成年证人、被害人时，可以通知其法定代理人到场。侦查人员在询问未成年的证人、被害人时，可根据案件的实际情况进行询问。如果法定代理人到场对调查取证没什么妨碍，不会影响证人、被害人如实提供所知道的案件情况，或者证人、被害人年幼有所顾虑，需要法定代理人到场的，在这种情况下，侦查人员可以通知证人、被害人的法定代理人到场；对于证人、被害人已接近成人年龄，完全可以正确表达真实意思或者其法定代理人到场会给证人、被害人的心理增加压力，使证人、被害人不如实作证的，侦查人员可不用通知其法定代理人到场。

知识链接

随着新修订的《中华人民共和国未成年人保护法》《中华人民共和国预防未成年人犯罪法》正式施行，各地公安机关要健全完善涉及未成年人办案工作机制、推动专业化办案与社会化保护有效衔接、开展未成年人保护社会治理，创新构建未成年人案件办理的新格局。

各地公安机关在办理未成年人案件时要紧扣未成年人心理特点、善用未成年人的交流方式，同时以“防止二次伤害”为原则，建立“一站式”办案取证和救助服务工作机制，强化案中监督、案件精细化审查等多项举措，构建民警、家长、社会工作者“三位一体”帮教体系，确保办案质量。在推动警种联勤联动、完善办案机制、护学机制的基础上，创建更高的办案标准，先后引入适合未成年人的社会调查训诫教育及专业社会工作者等服务，让政治效果、社会效果、法律效果有机统一。

87. 关于未成年人民事行为能力的规定有哪些？

我国最新修订颁布的《中华人民共和国民法典》对未成年人民事行为能力作出如下规定：

（1）八周岁以上的未成年人为限制民事行为能力人，实施民事法律行为由其法定代理人代理或者经其法定代理人同意、追认；但是，可以独立实施纯获利益的民事法律行为或者与其年龄、智力相适应的民事法律行为。

（2）不满八周岁的未成年人为无民事行为能力人，由其法定代理人代理实施民事法律行为。

（3）不能辨认自己行为的成年人为无民事行为能力人，由其法定代理人代理实施民事法律行为。八周岁以上的未成年人不能辨认自己行为的，适用前款规定。无民事行为能力人、限制民事行为能力人的监护人是其法定代理人。

知识链接

《中华人民共和国民法典》中对无民事行为能力人的法律责任作出如下规定：

无民事行为能力人、限制民事行为能力人造成他人损害的，由监护人承担民事责任。监护人尽了监护责任的，可以适当减轻其民事责任。有财产的无民事行为能力人、限制民事行为能力人造成他人损害的，从本人财产中支付赔偿费用。不足部分，由监护人适当赔偿，但单位担任监护人的除外。

第七章　预防犯罪

88. 预防未成年人犯罪的基本原则有哪些？

预防未成年人犯罪，应立足于教育和保护，从小抓起，对未成年人的不良行为及时进行预防和矫治。

预防未成年人犯罪，在各级人民政府组织领导下，实行综合治理。政府有关部门、司法机关、人民团体、有关社会团体、学校、家庭、城市居民委员会、农村村民委员会等各方面共同参与，各负其责，做好预防未成年人犯罪工作，为未成年人身心健康发展创造良好的社会环境。

知识链接

预防未成年人犯罪，是一项重中之重的任务，既需要家庭、学校、政府、法律等多方面的合力，也需要未成年人自身提高法律素养。预防未成年人犯罪的意义在于以下几点：预防未成年人不良行为；有效矫治未成年人严重不良行为；提高未成年人对犯罪行为的自我防范意识；预防未成年人重新犯罪。

89. 各级人民政府在预防未成年人犯罪方面的职责有哪些？

各级人民政府在预防未成年人犯罪方面的职责如下：

(1)制定预防未成年人犯罪工作的规划；

(2)组织、协调公安、教育、文化、新闻出版、广播电影电视、工商、民政、司法行政等政府有关部门和其他社会组织进行预防未成年人犯罪工作；

(3)对本法实施的情况和工作规划的执行情况进行检查；

(4)总结、推广预防未成年人犯罪工作的经验，树立、表彰先进典型。

知识链接

各级人民政府不仅包括各级地方政府，也包括其下属的各个职能单位部门，如公安局、教育行政部门、文化局、工商局等其他职能部门。需要注意的是，地方人民政府不能单单依靠其自身行政力量，更重要的是，应当培育、引导有关社会组织、社会工作者参与未成年人保护工作，开展家庭教育指导服务，指导学校展开预防犯罪教育，为未成年人的心理辅导、康复救助、监护及收养评估等提供专业服务。

90. 预防未成年人犯罪教育的内容有哪些？

国家和社会通过对未成年人加强理想、道德、法制和爱国主义、集体主义、社会主义教育六个方面，进行预防犯罪教育。具体而言，就是从以下几点做起：

(1)加强理想教育。对未成年人来说,理想对其行为具有定向和指导作用,是其学业和事业成功的起点,是力量的源泉。未成年人正处于人生观、世界观初步形成的重要阶段,树立崇高、远大的理想尤为重要。理想既是激发其健康成长、迅速前进的内在动力,也是在思想上消除和抵制不良行为、违法犯罪行为引诱和侵蚀的重要保障。如果缺乏崇高、远大的理想,未成年人就会因胸无大志而丧失努力的方向,就会因生活空洞无味而去寻求不良刺激,受不良行为的引诱和侵蚀,就极易沾染各种不良习气,实施各种不良行为乃至严重不良行为,甚至走上犯罪的道路。

(2)加强道德教育。道德教育在预防未成年人犯罪中具有重要的作用。首先,道德教育在预防未成年人犯罪方面具有超前性、广泛性、深刻性、易于接受性等特点。因此,道德教育有利于提高未成年人的素质,有利于未成年人预先构筑起预防犯罪的内在防线。道德教育侧重于在精神、信念、思想等主观性方面发挥作用,有利于其提高辨别或控制自己行为的能力,从而在行为上达到自觉遵纪守法的目的。道德规范主要依靠社会舆论、风俗习惯、信念等非强制性力量来保证实施,因而易于通过潜移默化的方式影响个人的意识与行为。

其次,道德教育在预防未成年人犯罪方面具有自律功能、导向功能、教化功能等作用,因而道德教育易于利用其自律功能对未成年人产生作用,如抑制其本能、提高其自觉程度、规范其行为等。

道德教育在未成年人中发挥着导向功能,有利于未成年人唾弃非道德观念,自觉抵制各种不良现象、丑恶现象的引诱与侵蚀,有利于引导其形成良好风尚,有利于引导其选择正确方向,有利于未成年人陶冶其道德情感、磨炼道德意志、培养其道德信念、养成其道德习惯,有利于矫治失足未成年人的道德观念,避免其再度违法犯罪,可以有效预防未成年人实施犯罪行为等。

(3)加强法制教育。加强未成年人的法制教育，对预防未成年人犯罪具有重要作用。未成年人的生理、心理特点决定其在辨别和控制自己的行为上具有不成熟性，因而容易受到外界不良影响作出违法犯罪的行为。

在未成年人中广泛开展法制教育，有助于从小培养其法律意识和法制观念。因此，社会各方面应重视加强未成年人的法制教育。要教育未成年人自觉守法，首要的任务就是要对其进行普法教育。未成年人的父母或者其他监护人、学校教师应当带头学法，辅导未成年人掌握法律知识。学校应当有计划地对未成年学生进行有关法律的学习和教育，使其懂得哪些行为是违法行为，哪些行为是犯罪行为，从而自觉运用法律规范自己的行为，依照法律维护自己的合法权益，成为一名知法守法的公民。

(4)加强爱国主义教育。加强对未成年人的爱国主义教育。首先，要教育其坚持祖国利益高于一切的行为准则，使其从思想上、行为上自觉地把个人命运和祖国的命运联系起来，无条件地服从祖国的利益和需要，以主人翁精神和满腔热忱，关心祖国的命运和前途，关心犯罪预防工作。

其次，学校应教育未成年人为祖国的繁荣富强而奋发进取，力求做一个有益于祖国发展的人。同时，应教育未成年人树立民族自尊心和民族自信心，使其不仅要热爱祖国的大好河山、悠久的文化，而且要热爱中国共产党领导下的社会主义社会和人民，增强民族自豪感，增强其建设社会主义社会、积极预防违法犯罪的信心，并勇于同一切犯罪行为作斗争。

(5)加强集体主义教育。在未成年人中加强集体主义教育，对预防未成年人犯罪具有积极作用。事实证明，一些未成年人之所以走上犯罪道路，其重要原因之一就是其个人主义、利己主义的不断膨胀。因此，在预防未成年人犯罪的教育中，社会各界力量应当加强对未成年人的集体主义教育，使其及时地、自觉地摒弃极端个人主义、利己主义等思想，提高集体主义观念，正确处理好个人与他人、个人与集体、个人与国家之间的关系，养成乐于助人、全心全意为人民服务、以他人利益和集体利益为重的思想品德。

(6)加强社会主义教育。对未成年人加强社会主义教育，首先就是要教育未成年人懂得中国必须坚持走社会主义发展道路。其次，要使未成年人懂得我国目前的社会主义还处于初级阶段，懂得社会主义的发展、共产主义的实现最终要靠他们的努力。而热爱祖国、热爱社会主义，首先应当自觉遵守社会主义法律、自觉预防违法犯罪行为的发生，以保障社会主义建设事业的顺利进行。

知识链接

对于达到义务教育年龄的未成年人，在进行上述教育的同时，应当进行预防犯罪教育。预防未成年人犯罪教育的目的，是增强未成年人的法制观念，使未成年人懂得违法和犯罪行为对个人、家庭、社会造成的危害，违法和犯罪行为应当承担的法律责任，树立遵纪守法和防范违法犯罪的意识。

91. 预防未成年人犯罪教育的责任人有哪些？

教育行政部门、学校、司法行政部门、共产主义青年团、少年先锋队、职业教育培训机构、用人单位、少年宫、青少年活动中心等校外活动机构、城市居民委员会、农村村民委员会、未成年人的父母或其他监护人都是预防未成年人犯罪教育的责任人，他们对未成年人的法制教育和预防犯罪教育负有直接或间接责任，应根据自身的特点开展有针对性的预防未成年人犯罪的教育活动。具体而言，他们在预防未成年人犯罪教育中承担以下责任：

(1)教育行政部门、学校应当将预防犯罪的教育作为法制教育的内容纳入学校教育教学计划，结合常见多发的未成年人犯罪行为，对不同年龄的未成年人进行有针对性的预防犯罪教育。

(2)司法行政部门、教育行政部门、共产主义青年团、少年先锋队应当结合实际，组织、举办展览会、报告会、演讲会等多种形式的预防未成年人犯罪的法制宣传活动。

(3)学校应当结合实际举办以预防未成年人犯罪教育为主要内容的活动。学校应当聘任从事法制教育的专职或者兼职教师，同时根据条件可以聘请校外法律辅导员。

(4)教育行政部门应当将预防未成年人犯罪教育的工作成效作为考核学校工作的一项重要内容。

(5)未成年人的父母或者其他监护人对未成年人的法制教育负有直接责任。学校在对学生进行预防犯罪教育时，应当将教育计划告知未成年人的父母或者其他监护人，未成年人的父母或者其他监护人应当结合学校的计划，针对具体情况进行教育。

(6)少年宫、青少年活动中心等校外活动场所应当把预防未成年人犯罪的教育作为一项重要的工作内容，开展多种形式的宣传教育活动。

(7)对于已满十六周岁不满十八周岁准备就业的未成年人，职业教育培训机构、用人单位应当将法律知识和预防犯罪教育纳入职业培训的内容。

(8)城市居民委员会、农村村民委员会应积极开展有针对性的预防未成年人犯罪的法制宣传活动。

知识链接

因为未成年人属于特殊保护人群，凡是涉及未成年人的单位、团体、组织或个人，大部分为预防未成年人犯罪教育的相关责任人。其中，教育行政部门和学校是主要力量。教育行政部门、学校应当将预防犯罪教育纳入学校教学计划，指导教职员工结合未成年人的特点，采取多种方式对未成年学生进行有针对性的预防犯罪教育。

92. 如何界定未成年人不良行为？

根据《中华人民共和国预防未成年人犯罪法》规定，未成年人的以下行为属于不良行为：

(1)旷课、夜不归宿；

(2)携带管制刀具；

(3)打架斗殴、辱骂他人；

(4)强行向他人索要财物；

(5)偷窃、故意毁坏财物；

(6)参与赌博或者变相赌博；

(7)观看、收听色情、淫秽的音像制品、读物等；

(8)进入法律、法规规定未成年人不适宜进入的营业性歌舞厅等场所；

(9)其他严重违背社会公德的不良行为。

知识链接

不良行为的危害如下：①吸烟喝酒嗑药，有害健康，不利于发展成长；②打架斗殴：容易走上违法犯罪道路；③过早的性行为：不利于生长发育；④沉迷网络游戏：荒废学业，不利身心发展。需要注意的是，不良行为不等同于犯罪，但往往是犯罪行为的开端。因此，一旦发现未成年人有不良行为的，要立即予以纠正，以防其走上违法犯罪的道路。

93. 预防未成年人不良行为的措施有哪些？

预防未成年人不良行为的主要措施如下：

（1）对未成年人的教育与监控

①未成年人的父母或者其他监护人和学校应当教育未成年人不得吸烟、酗酒。任何经营场所不得向未成年人出售烟酒。

②中小学生旷课的，学校应当及时与其父母或者其他监护人取得联系。

③未成年人擅自外出夜不归宿的，其父母或者其他监护人、其所在的寄宿制学校应当及时查找，或者向公安机关请求帮助。收留夜不归宿的未成年人的，应当征得其父母或者其他监护人的同意，或者在二十四小时内及时通知其父母或者其他监护人、所在学校或者及时向公安机关报告。

④未成年人父母或者其他监护人和学校发现未成年人组织或者参加实施不良行为的团伙的，应当及时予以制止。发现该团伙有违法犯罪行为的，应当向公安机关报告。

⑤未成年人父母或者其他监护人和学校发现有人教唆、胁迫、引诱未成年人违法犯罪的，应当向公安机关报告。公安机关接到报告后，应当及时依法查处。对未成年人人身安全受到威胁的，应当及时采取有效措施，保护其人身安全。

⑥未成年人的父母或者其他监护人，不得让不满十六周岁的未成年人脱离监护单独居住。

⑦未成年人的父母或者其他监护人对未成年人不得放任不管，不得迫使其离家出走，放弃监护职责。

⑧未成年人离家出走的，其父母或者其他监护人应当及时查找，或者向公安机关请求帮助。

⑨未成年人的父母离异的，离异双方对子女都有教育的义务，任何一方都不得因离异而不履行教育子女的义务。

⑩继父母、养父母对受其抚养教育的未成年继子女、养子女，应当履行法律规定的父母对未成年子女在预防犯罪方面的职责。

(2)学校的教育与管理

①学校对有不良行为的未成年人应当加强教育、管理，不得歧视。教育行政部门、学校应当举办各种形式的讲座、座谈、培训等活动，针对未成年人不同时期的生理、心理特点，介绍良好有效的教育方法，指导教师、未成年人的父母和其他监护人有效地防止、矫治未成年人的不良行为。

②对于教唆、胁迫、引诱未成年人实施不良行为或者品行不良，影响恶劣，不适宜在学校工作的教职员工，教育行政部门、学校应当予以解聘或者辞退；构成犯罪的，依法追究刑事责任。

(3)社会环境监控与管理

①禁止在中小学校附近开办营业性歌舞厅、营业性电子游戏场所以及其他未成年人不宜进入的场所。禁止开办上述场所的具体范围由省、自治区、直辖市人民政府规定。另外，对在中小学校附近开办上述场所的，应当限期迁移或者停业。

②营业性歌舞厅以及其他未成年人不适宜进入的场所，应当设置明显的未成年人禁止进入标志，不得允许未成年人进入。营业性电子游戏

场所在国家法定节假日外，不得允许未成年人进入，并应当设置明显的未成年人禁止进入标志。对于难以判明是否已成年的，上述场所的工作人员可以要求其出示身份证件。

③公安机关应当加强中小学校周围环境的治安管理，及时制止、处理中小学校周围发生的违法犯罪行为。城市居民委员会、农村村民委员会应当协助公安机关做好维护中小学校周围治安的工作。

④公安派出所、城市居民委员会、农村村民委员会应当掌握本辖区内暂住人口中未成年人的就学、就业情况。对于暂住人口中未成年人实施不良行为的，应当督促其父母或者其他监护人进行有效的教育、制止。任何人不得教唆、胁迫、引诱未成年人实施不良行为，或者为未成年人实施不良行为提供条件。

(4)传媒与出版物管理

①以未成年人为对象的出版物，不得含有诱发未成年人违法犯罪的内容，不得含有渲染暴力、色情、赌博、恐怖活动等危害未成年人身心健康的内容。

②任何单位和个人不得向未成年人出售、出租含有诱发未成年人违法犯罪以及渲染暴力、色情、赌博、恐怖活动等危害未成年人身心健康内容的读物、音像制品或者电子出版物。

③任何单位和个人不得利用通讯、计算机网络等方式提供前款规定的危害未成年人身心健康的内容及其信息。

④广播、电影、电视、戏剧节目，不得有渲染暴力、色情、赌博、恐怖活动等危害未成年人身心健康的内容。

⑤广播电影电视行政部门、文化行政部门必须加强对广播、电影、电视、戏剧节目以及各类演播场所的管理。

知识链接

预防未成年人不良行为，相当于提前给未成年人打“预防针”。随着信息技术的日益发达，未成年人接触的不良信息也越来越多，因此，其潜在不良行为的风险也相应提高。预防未成年人不良行为，重在预防。家庭、学校、教育行政部门、公安部门等单位、机关应对其加强重视。

94. 如何界定严重不良行为?

《中华人民共和国预防未成年人犯罪法》规定：“严重不良行为”是指下列严重危害社会，尚不够刑事处罚的违法行为，具体包括以下行为：

(1)纠集他人结伙滋事，扰乱治安；

(2)携带管制刀具，屡教不改；

(3)多次拦截殴打他人或者强行索要他人财物；

(4)传播淫秽的读物或者音像制品等；

(5)进行淫乱或者色情、卖淫活动；

(6)多次偷窃；

(7)参与赌博，屡教不改；

(8)吸食、注射毒品；

(9)其他严重危害社会的行为。

知识链接

严重不良行为是指具有严重社会危害性，尚不够刑事处罚的一般违法行为。未成年人走上违法犯罪道路，往往有一个逐渐演变的过程。通常情况下先沾染上坏思想坏习气；有了不良行为后不加改正，任其发展，然后做出一些严重不良的行为甚至违法之事；接着就会越走越远，直到滑向犯罪的泥潭。因此，未成年人应树立以遵纪守法为荣，以违法乱纪为耻的法制观念。

95. 如何矫治未成年人的严重不良行为？

对有未成年人严重不良行为的，应当及时予以制止。其父母或者其他监护人和学校应当相互配合，采取措施严加管教，也可以送工读学校进行矫治和接受教育。其具体矫治方法如下：

(1)工读学校矫治

①送未成年人进入工读学校进行矫治和接受教育，应当由其父母或者其他监护人，或者原所在学校提出申请，经教育行政部门批准。

②工读学校应当对就读的未成年人进行严格管理和教育。工读学校除按照义务教育法的要求，在课程设置上与普通学校相同外，应当加强法制教育的内容，针对未成年人严重不良行为产生的原因以及有严重不良行为的未成年人的心理特点，开展矫治工作。

③家庭、学校应当关心、爱护在工读学校就读的未成年人，尊重他们的人格尊严，不得体罚、虐待和歧视。工读学校毕业的未成年人在升学、就业等方面，同普通学校毕业的学生享有同等的权利，任何单位和个人不得歧视。

(2)司法矫治

①未成年人有严重不良行为，构成违反治安管理行为的，由公安机关依法予以治安处罚。因不满十四周岁或者情节特别轻微免予处罚的，

可以予以训诫。

②未成年人因不满十六周岁不予刑事处罚的，责令其父母或者其他监护人严加管教；在必要的时候，也可以由政府依法收容教养。

③未成年人在被收容教养期间，执行机关应当保证其继续接受文化知识、法律知识或者职业技术教育；对没有完成义务教育的未成年人，执行机关应当保证其继续接受义务教育。

(3)社会包容。解除收容教养、劳动教养的未成年人，在复学、升学、就业等方面与其他未成年人享有同等权利，任何单位和个人不得歧视。

知识链接

矫治未成年人严重不良行为主要还得依靠其父母或监护人。一旦发现未成年人有严重不良行为的，父母或者其他监护人决不可对其听之任之，否则“小洞不补，大洞吃苦”的故事还会重现。需要注意的是，有严重不良行为的未成年人大多在心理上存在障碍，行为放荡，父母或其他监护人应以坚决的态度严格管教，促使他们迷途知返。另外，在管教时需要尊重未成年人的人格，注意方法，不可简单粗暴，动辄打骂。

96. 被遗弃、虐待的未成年人，可以向哪些机构申请保护？

被父母或者其他监护人遗弃、虐待的未成年人，有权向公安机关、民政部门、共产主义青年团、妇女联合会、未成年人保护组织或者学校、城市居民委员会、农村村民委员会请求保护。被请求的上述部门和组织都应当接受，根据情况需要采取救助措施的，应当先采取救助措施。

另外，未成年人发现任何人对自己或者对其他未成年人实施法律禁止的行为时，可以通过所在学校、其父母或者其他监护人向公安机关或者政府有关主管部门报告，也可以自己向上述机关报告。受理报告的机关应当及时依法查处。

知识链接

在未成年人监护方面，最新出台的《中华人民共和国民法典》增加了两项新的监护类型，一是增加了公职监护内容，规定因发生突发事件等紧急情况，监护人暂时无法履行监护职责，被监护人的生活处于无人照料状态下的临时生活照料措施；二是与国际监护制度接轨，新增了遗嘱指定监护制度。《中华人民共和国民法典》第三十四条规定：因发生突发事件等紧急情况，监护人暂时无法履行监护职责，被监护人的生活处于无人照料状态的，被监护人住所地的居民委员会、村民委员会或者民政部门应当为被监护人安排必要的临时生活照料措施。

97. 对未成年人犯罪案件不公开审理和报道的规定有哪些？

对犯罪的未成年人追究刑事责任，实行教育、感化、挽救方针，坚持教育为主、惩罚为辅的原则。司法机关在办理未成年人犯罪案件时，应做到以下几点：

（1）司法机关办理未成年人犯罪案件，应保障未成年人行使其诉讼权利，保障未成年人得到法律帮助，并根据未成年人的生理、心理特点和犯罪的情况，有针对性地进行法制教育。

（2）对于被采取刑事强制措施的未成年学生，在人民法院的判决生效以前，不得取消其学籍。

(3)人民法院审判未成年人犯罪的刑事案件，应当由熟悉未成年人身心特点的审判员或者审判员和人民陪审员依法组成少年法庭进行。

(4)对于已满十四周岁不满十六周岁未成年人犯罪的案件，一律不公开审理。已满十六周岁不满十八周岁未成年人犯罪的案件，一般也不公开审理。

(5)对未成年人犯罪案件，新闻报道、影视节目、公开出版物不得披露该未成年人的姓名、住所、照片及可能推断出该未成年人的资料。

知识链接

未成年人心理上进入了由幼稚转向成熟的过渡时期，具有半儿童、半成年人的特点，有较强的模仿欲和好奇心，对外界反应敏感，自尊心较强。但思想比较幼稚，辨别是非的能力较弱，情绪不稳定，易受外界环境的不良影响。未成年人的犯罪动机往往简单，犯罪行为带有很大的盲目性，犯罪的个性心理尚未定型，教育改造的有利因素比成年人多，处罚只是手段，教育保护才是目的。制定不公开审理原则，是为了加强对未成年被告人身心的特殊保护，保证刑事诉讼活动的顺利进行，创造有利于未成年人接受教育和改造的社会环境。

98. 对未成年人犯罪的处罚有哪些？

为防止罪犯之间相互学习和感染，对被拘留、逮捕和执行刑罚的未成年人与成年人应当分别关押、分别管理、分别教育。

已满 16 周岁的未成年人犯罪，应当负刑事责任。已满 14 周岁不满 16 周岁的未成年人，犯故意杀人、故意伤害致人重伤或死亡、强奸、抢劫、贩卖毒品、放火、爆炸、投毒罪的，应当负刑事责任，已满 14 周岁不满 18 周岁的未成年人犯罪，应当从轻或减轻处罚。

(1)如果该未成年人未满 16 周岁，则不负刑事责任。

(2)如果已满 16 周岁，则该未成年人需要承担刑事责任，此时应当减轻处罚。已满 16 周岁不满 17 周岁的，可以减少基准刑的 20%～50%；已满 17 周岁不满 18 周岁的，可以减少基准刑的 10%～40%。

(3)因不满 16 周岁不予刑事处罚的未成年人，责令其家长或者监护人加以管教；在必要的时候，也可以由政府收容教养。

知识链接

未成年人因为其特殊的身心发展特点，出于对未成年人的特殊保护，对于未成年人犯罪的处罚往往视其年龄而定。其中，16 周岁是一个重要分界线，超过 16 周岁即应承担刑事责任。而关于未成年人刑事案件也是坚持以教育、感化、挽救为方针，以教育为主、惩罚为辅的原则，根据不同年龄量化减刑。

99. 如何保障犯罪未成年人的受教育权？

为保障未成年人的受教育权，促进其解除刑罚后更好地融入社会，减少其重新犯罪的可能性，未成年犯在被执行刑罚期间，执行机关应当加强对未成年犯的法制教育，对未成年犯进行职业技术教育。对没有完成义务教育的未成年犯，执行机关应当保证其继续接受义务教育。犯罪未成年人虽然触犯了相关法律规定，但仍然享有接受教育的权利。任何学校、机构、个人不得以任何名义歧视犯罪未成年人。

知识链接

我国最新出台的《中华人民共和国刑事诉讼法》规定：犯罪的时候不满 18 周岁，被判处五年有期徒刑以下刑罚以及免除刑事处罚的未成年人的犯罪记录，应当依法予以封存。犯罪记录包括侦查、起诉、审判与刑罚执行过程中形成的有关未成年人犯罪或者涉嫌犯罪的全部案卷、材料与电子档案。对涉罪未成年人进行社会调查、帮教考察、心理疏导、司法救助等工作形成的材料，也应当予以封存。这种封存制度是受教育平等权的体现，为犯罪未成年人接受教育提供了充分保障。

100. 对犯罪未成年人社会帮教的内容有哪些?

未成年人的父母或者其他监护人和学校、城市居民委员会、农村村民委员会，对因不满 16 周岁而不予刑事处罚、免予刑事处罚的未成年人，或者被判处非监禁刑罚、被判处刑罚宣告缓刑、被假释的未成年人，应当采取有效的帮教措施，协助司法机关做好对未成年人的教育、挽救工作。

知识链接

在对未成年进行社会帮教的同时，还需要引入心理学专家团队，对涉罪未成年人开展心理疏导，用科学、合理的方式舒缓帮教对象的不良情绪，促进他们形成良好心态，保持心理健康，帮助涉罪未成年人更快、更好地回归社会。

101.如何对犯罪未成年人进行社会帮教?

(1)努力形成重视社会帮教工作的共识。学校、社区以及其他政法机关、政府相关部门、未成年人保护组织等沟通协作,针对不同青少年群体开展法治教育,形成从整体上预防未成年违法犯罪的思想共识。

(2)建立各司法机关共享的帮教基地。整合企业、关工委、共青团、妇联、社会工作者组织、学校、社区等各方力量,依托企事业单位,建立各司法机关共享帮教基地,最大限度发挥帮教基地和司法机关各自的职能作用。

(3)建立专业化的帮教工作队伍。吸收具备教育工作和社会工作能力,且有一定的时间保证、热心公益事业、有良好道德修养、有文化素养和法律常识的人为志愿者,并进行登记和培训,由志愿者对涉罪未成年人进行帮教。同时,建议鼓励民间力量组建专业的社会帮教机构,采取购买服务的方式引导其有序参加社会帮教工作,实现由“专业机构帮教为主、志愿者帮教为辅”的新格局。

(4)加强对帮教过程的监督和帮教效果的考察。政府主导的帮教机构应通过查阅档案、与帮教对象谈话、不定期抽查等方式,监督是否存在对帮教对象存在不管不问、放任自流;对被帮教人员的困难和疾苦漠不关心、不理不睬;帮教活动流于形式、帮教效果不明显;其他不作为、乱行为的问题。如发现问题,应督促帮教机构和帮教人员及时整改。

(5)鼓励社会力量参与。帮教志愿者全程参与对涉罪未成年人的观护帮教,对观护对象作出具体评价,综合考量评估帮教期间表现,为所涉案件处理决定提供重要参考。同时,整合社区、职业学校、企业、社会工作者等资源力量,丰富观护帮教形式,共同开展观护帮教。

(6)完善社会帮教内容。由于社会帮教的专业性强,应积极利用社会人力资源,聘请教育专家、心理矫治专家、犯罪学专家、社会学专家作为成员,建立帮教专家库,通过专业力量的支持,对涉罪未成年人从教育、劳动和生活等方面进行帮教,让涉法未成年人充分认识到犯罪行为的危害性,及时纠正思想和行为偏差。

知识链接

涉罪未成年人的社会帮教体系是一个贯穿涉罪未成年人成长始终、横跨社会各界的帮教体系,它由家庭帮教、学校帮教、司法帮教、社区帮教、社会团体帮教五个方面组成。涉罪未成年人帮教制度的目的是感化教育未成年人,帮助涉罪未成年人改正不良行为,重新回到社会,建立完善的涉罪未成年人帮教制度,同时也可以让《中华人民共和国刑事诉讼法》中关于保护未成年人的相关规定得到落实,有利于我国对未成年人的保护以及司法发展。

102.对犯罪未成年人权利维护的内容有哪些?

依法免予刑事处罚、判处非监禁刑罚、判处刑罚宣告缓刑、假释或者刑罚执行完毕的未成年人,在复学、升学、就业等方面与其他未成年人享有同等权利,任何单位和个人不得歧视。

知识链接

维护犯罪未成年人的权利既是我国法律不断进步的表现,也是时代发展的重要见证。犯罪未成年人虽然触犯了法律法规,或受到相关处罚,但仍然属于我国法律规定的特殊保护人群,依然享有和其他未成年人相同的权利,整个社会应该对其平等对待。

103. 未成年人父母或监护人在预防未成年人犯罪方面的责任有哪些?

未成年人的父母或者其他监护人不履行监护职责,放任未成年人的不良行为或者严重不良行为的,由公安机关对未成年人的父母或者其他监护人予以训诫,责令其严加管教。让不满十六周岁的未成年人脱离监护单独居住的,由公安机关对未成年人的父母或者其他监护人予以训诫,责令其立即改正。

知识链接

保护未成年人不受违法犯罪分子的侵害,防止未成年人在教唆、胁迫、引诱下违法犯罪,是父母或监护人职责的重要内容。监护人发现有人教唆、胁迫、引诱未成年人违法犯罪的,应当向公安机关报告,以消除违法犯罪因素,保护未成年人的安全,使违法犯罪分子受到应有的制裁。为了预防教唆、胁迫、引诱未成年人违法犯罪事件的发生,监护人一方面要切实履行好对未成年人的监护责任,防止未成年人旷课、夜不归宿、离家出走等不良行为的发生,不让未成年人独居一处;另一方面应当教育未成年人学会说“不”,例如不独自与陌生人来往,不参与不良团伙,学会使用报警电话等自我保护方法,摆脱犯罪分子的控制。

104. 公安机关在预防未成年人犯罪方面的职责有哪些？

公安机关是负责社会治安的职能部门，在预防未成年人犯罪工作中承担着十分重要的职责。公安机关的职责主要表现在以下方面：

(1)严格治安管理，特别是要加强中小学校周边治安环境和文化娱乐业的管理，坚决打击侵害未成年人合法权益和教唆、引诱、胁迫未成年人实施违法犯罪行为等违法犯罪活动，指导群众性的治安防范工作。

(2)依法矫治有严重不良行为和犯罪行为的未成年人。要设置专门机构或专职人员，严格依法办理未成年人犯罪案件，对被收容、羁押或被执行刑罚的未成年人分管分押，以利于教育、感化、挽救未成年人。

(3)接受有关方面的请求，为未成年人的父母或监护人提供帮助，为被遗弃、虐待、人身安全受到威胁、流浪等遭遇的未成年人提供保护。

根据《中华人民共和国预防未成年人犯罪法》的规定，未成年人擅自外出夜不归宿的、离家出走的、被教唆、胁迫、引诱违法犯罪的，其父母或者其他监护人都可以向公安机关报告。公安机关接到报告后，应当及时依法查处；对未成年人人身安全受到威胁的，应当及时采取有效措施，保护其人身安全。被父母或者其他监护人遗弃、虐待的未成年人，也有权向公安机关请求保护。

(4)加强对暂住人口的管理，掌握暂住人口中的未成年人的就学、就业情况，督促未成年人的父母或者其他监护人履行监护责任。对于暂住人口中未成年人实施不良行为的，应当督促其父母或者其他监护人进行有效的教育、制止。未成年人的父母或者其他监护人不履行监护责任，或者让不满16周岁的未成年人脱离监护单独居住的，由公安机关对未成年人的父母或者其他监护人予以训诫，责令其严加管教，或立即改正。

(5)受理未成年人或其他组织、公民关于违法犯罪活动的举报并及时查处。公安机关接到未成年人的父母或是其他监护人和学校关于不良团伙有违法犯罪行为的报告;关于有人教唆、胁迫、引诱未成年人违法犯罪的报告;未成年人或他们的父母、其他监护人、学校关于任何人对自己或者其他未成年人实施犯罪行为的报告,应当及时依法查处。

(6)做好对有违法犯罪经历的未成年人的监管、帮教工作,减少重新违法犯罪率。对因不满 16 周岁而不予刑事处罚、免予刑事处罚的未成年人,或者被判处非监禁刑罚、被判处刑罚宣告缓刑、被假释的未成年人,应当采取有效的帮教措施,指导未成年人的父母或者其他监护人、学校、城市居委会、农村村委会共同做好对未成年人的教育、挽救工作。

(7)配合有关行政部门和学校、街道等组织,做好对未成年人的法制宣传教育工作。公安机关的干警可以受聘担任学校的校外法律辅导员,利用自己的优势加强法制宣传教育。在办理未成年人犯罪案件过程中,也应当根据未成年人的生理、心理特点和犯罪的情况,有针对性地进行法制教育。

知识链接

需要注意的是,公安机关工作人员在预防未成年人犯罪方面承担着不可或缺的责任。公安机关工作人员违反《中华人民共和国预防未成年人犯罪法》相关规定的,接到报告后,不及时查处或者采取有效措施,严重不负责任的,予以行政处分;造成严重后果,构成犯罪的,依法追究刑事责任。

第八章　特殊儿童保护

105. 孤儿安置的内容有哪些?

最新修订的《中华人民共和国民法典》规定,孤儿是指失去父母、查找不到生父母的未满 18 周岁的未成年人,由地方县级以上民政部门依据有关规定和条件认定。地方各级政府要按照有利于孤儿身心健康成长的原则,采取多种方式,拓展孤儿安置渠道,妥善安置孤儿。孤儿安置的主要内容如下:

(1)亲属抚养。孤儿的监护人依照《中华人民共和国民法典》等法律法规确定。孤儿的祖父母、外祖父母、兄、姐要依法承担抚养义务、履行监护职责;鼓励关系密切的其他亲属、朋友担任孤儿监护人;没有前述监护人的,未成年人父、母的所在单位或者未成年人住所地的居民委员会、村民委员会或者民政部门担任监护人。监护人不履行监护职责或者侵害孤儿合法权益的,应承担相应的法律责任。

(2)机构养育。对没有亲属和其他监护人抚养的孤儿,经依法公告后由民政部门设立的儿童福利机构收留抚养。有条件的儿童福利机构可在社区购买、租赁房屋,或在机构内部建造单元式居所,为孤儿提供家庭式养育。公安部门应及时为孤儿办理儿童福利机构集体户口。

(3)家庭寄养。由孤儿父母生前所在单位或者孤儿住所地的村(居)民委员会或者民政部门担任监护人的,可由监护人对有抚养意愿和抚养能力的家庭进行评估，选择抚育条件较好的家庭开展委托监护或者家庭寄养，并给予养育费用补贴，当地政府可酌情给予劳务补贴。

(4)依法收养。鼓励收养孤儿。收养孤儿按照《中华人民共和国收养法》的规定办理。对中国公民依法收养的孤儿，需要为其办理户口登记或者迁移手续的，户口登记机关应及时予以办理，并在登记与户主关系时注明子女关系。对寄养的孤儿，寄养家庭有收养意愿的，应优先为其办理收养手续。继续稳妥开展涉外收养，进一步完善涉外收养办法。

知识链接

在我国现阶段，机构养育是孤儿安置的主要形式。收养孤儿、弃婴和无家可归的残疾儿童，把他们培养成才，是儿童福利机构的重要职责，然而，由于现实等诸多方面原因，仍有一部分孤儿长至成年(18周岁)仍滞留儿童福利机构内，这一现状延误成年孤儿进入社会，同时也严重影响儿童福利机构的各项工作。

成年孤儿的状况主要表现为存在心理障碍、整体学业状况不佳、独立生活能力差等。解决成年孤儿困境的主要对策如下：

(1)教育、养育相结合，软件、硬件两手抓，全面提高成年孤儿的综合素质。科室、班组教师应经常与其交心谈心，了解其思想动态，对其错误心态和行为及时引导，耐心说服教育，帮助改正；对其优点适时表扬，鼓励进步，使其身心健康成长。另外，还应加强机构内纪律的制定与落实，定期对成年孤儿进行行为规范教育，使其自觉加强思想行为约束，以健康心态规范自己，自觉养成各种社会美德。

(2)争取各界支持，培养孤儿学习成才。不断争取社会力量的帮助。争取财政部门支持，提高孤儿的划拨费用；争取教育部门支持，减免孤儿各阶段的学习和生活费用；扩大自身宣传，引起社会各界关注，广泛开展“为孤儿献爱心、送温暖活动”，动员社会力量捐款，扶持和资助孤儿早日完成学习。

(3)跟踪培养,帮助孤儿早日独立生活。在成年孤儿离开儿童福利机构前,机构应结合社会需要,对其进行相关技能培训,使成年孤儿有一技之长,能够在社会生活中立足。在孤儿离开机构后,机构应与用人单位加强联系,跟踪管理,对其不良行为及时进行说服教育,使其步入社会正轨。

106.孤儿基本权益保障的内容有哪些?

孤儿基本权益保障主要包括以下方面:

(1)基本生活保障制度。为满足孤儿基本生活需要,建立孤儿基本生活保障制度。各省、自治区、直辖市政府按照不低于当地平均生活水平的原则,合理确定孤儿基本生活最低养育标准,机构抚养孤儿养育标准应高于散居孤儿养育标准,并建立孤儿基本生活最低养育标准自然增长机制。地方各级财政要安排专项资金,确保孤儿基本生活费及时足额到位;中央财政安排专项资金,对地方支出孤儿基本生活费按照一定标准给予补助。民政、财政部门要建立严格的孤儿基本生活费管理制度,加强监督检查,确保专款专用、按时发放,确保孤儿基本生活费用落实到位。

(2)医疗康复保障水平。将孤儿纳入城镇居民基本医疗保险、新型农村合作医疗、城乡医疗救助等制度覆盖范围,适当提高救助水平,参保(合)费用可通过城乡医疗救助制度解决;将符合规定的残疾孤儿医疗康复项目纳入基本医疗保障范围,稳步提高待遇水平;有条件的地方政府和社会慈善组织可为孤儿投保意外伤害保险和重大疾病保险等商业健康保险或补充保险。卫生部门要对儿童福利机构设置的医院、门诊部、诊所、卫生所(室)给予支持和指导;疾病预防控制机构要加强对儿童福利机构防疫工作的指导,及时调查处理机构内发生的传染病疫情;鼓励、支持医疗机构采取多种形式减免孤儿医疗费用,继续实施“残疾孤儿手术康复明天计划”。

(3)教育保障。家庭经济困难的学龄前孤儿到学前教育机构接受教育的,由当地政府予以资助。将义务教育阶段的孤儿寄宿生全面纳入生活补助范围。在普通高中、中等职业学校、高等职业学校和普通本科高校就读的孤儿,纳入国家资助政策体系优先予以资助;孤儿成年后仍在校就读的,继续享有相应政策;学校为其优先提供勤工助学机会。切实保障残疾孤儿受教育的权利,具备条件的残疾孤儿,在普通学校随班就读;不适合在普通学校就读的视力、听力、言语、智力等残疾孤儿,安排到特殊教育学校就读;不能到特殊教育学校就读的残疾孤儿,鼓励并扶持儿童福利机构设立特殊教育班或特殊教育学校,为其提供特殊教育。

(4)就业保障。认真贯彻落实《中华人民共和国就业促进法》和《国务院关于做好促进就业工作的通知》(国发〔2008〕5 号)等精神,鼓励和帮扶有劳动能力的孤儿成年后实现就业,按规定落实好职业培训补贴、职业技能鉴定补贴、免费职业介绍、职业介绍补贴和社会保险补贴等政策;孤儿成年后就业困难的,优先安排其到政府开发的公益性岗位就业。人力资源社会保障部门要进一步落实孤儿成年后就业扶持政策,提供针对性服务和就业援助,促进有劳动能力的孤儿成年后就业。

(5)住房保障和服务。居住在农村的无住房孤儿成年后,按规定纳入农村危房改造计划优先予以资助,乡镇政府和村民委员会要组织动员社会力量和当地村民帮助其建房。居住在城市的孤儿成年后,符合城市廉租住房保障条件或其他保障性住房供应条件的,当地政府要优先安排、应保尽保。对有房产的孤儿,监护人要帮助其做好房屋的维修和保护工作。

知识链接

在保障孤儿基本权益的同时,应坚持"儿童优先""儿童利益最大化"原则,做到"应保尽保,应救尽救",确保符合条件的儿童按程序纳入保障范围。为了充分保障孤儿基本权益,应做到以下两点:

(1)明确责任,抓好落实。民政部门要按照实施方案要求,结合实际制定切实可行的实施方案,落实工作责任,细化任务分解,务求实效。

(2)规范管理,严格监督。要求各级建立健全绩效考核制度,实行目标管理。自觉接受各级人大、政协、纪检、监察、审计、新闻媒体和群众监督。

107. 流浪未成年人救助保护的基本原则有哪些?

(1)坚持未成年人权益保护优先。把未成年人权益保护和健康成长作为首要任务,加强对家庭监护的指导和监督,及时救助流浪未成年人,严厉打击胁迫、诱骗、利用未成年人乞讨等违法犯罪行为,切实保障未成年人的生存权、发展权、参与权、受保护权。

(2)坚持救助保护和教育矫治并重。积极主动救助流浪未成年人,保障其生活、维护其权益;同时,加强流浪未成年人思想、道德、文化和法制教育,强化心理疏导和行为矫治,帮助其顺利回归家庭。

(3)坚持源头预防和综合治理。综合运用经济、行政、司法等手段,落实义务教育、社会保障和扶贫开发等政策,强化家庭、学校、社会共同责任,不断净化社会环境,防止未成年人外出流浪。

(4)坚持政府主导和社会参与。落实政府责任,加大政府投入,加强各方协作,充分发挥基层组织作用,调动社会各方面参与流浪未成年人救助保护的积极性,形成救助保护工作的合力。

知识链接

救助流浪未成年人,需要采取预防和救助相互结合的方针。一方面要从源头治理,减少未成年人外出流浪;另一方面要加强救助保护工作,努力实现应救尽救。对于流浪未成年人较多的地方,地方政府应以预防为主,明确各方责任,建立必要的通报、检查、督办制度,重点做好集中外出流浪地区和多次外出流浪未成年人及其家庭的工作,有效防止未成年人流浪。

108. 流浪未成年人救助保护的内容有哪些?

做好流浪未成年人救助保护工作,关系到未成年人的健康成长,关系到社会和谐安定和以人为本执政理念的落实。及时有效救助保护流浪未成年人,是各级政府的重要职责,是维护未成年人合法权益的重要内容,也是加强和创新社会管理的重要方面和社会文明进步的重要体现。各地区、各有关部门要充分认识加强和改进流浪未成年人救助保护工作的重要性和紧迫性,提高认识,认真落实《中华人民共和国未成年人保护法》《中华人民共和国预防未成年人犯罪法》等法律法规,不断完善政策措施,提升救助保护水平,维护好流浪未成年人的合法权益。

(1)实行更加积极主动的救助保护。公安机关发现流浪乞讨的未成年人,应当护送到救助保护机构接受救助。其中由成年人携带流浪乞讨的,应当进行调查、甄别,对有胁迫、诱骗、利用未成年人乞讨等违法犯罪嫌疑的，要依法查处；对由父母或其他监护人携带流浪乞讨的，应当批评、教育并引导护送到救助保护机构接受救助，无力自行返乡的由救助保护机构接送返乡，公安机关予以协助配合。民政部门要积极开展主动救助，引导护送流浪未成年人到救助保护机构接受救助。对突发急病的流浪未成年人，公安机关和民政、城管部门应当直接护送到定点医院进行救治。

另外，还应充分发挥村（居）民委员会等基层组织作用，组织和动员居民提供线索，劝告、引导流浪未成年人向公安机关、救助保护机构求助，或及时向公安机关报警。

（2）加大打击拐卖未成年人犯罪力度。公安机关要严厉打击拐卖未成年人犯罪，对来历不明的流浪乞讨和被强迫从事违法犯罪活动的未成年人，要一律采集生物检材，检验后录入全国打拐DNA（脱氧核糖核酸）信息库比对，及时发现、解救失踪被拐未成年人。同时，加强接出警工作，凡接到涉及未成年人失踪被拐报警的，公安机关要立即出警处置，认真核查甄别，打击违法犯罪活动。强化立案工作，实行未成年人失踪快速查找机制，充分调动警务资源，第一时间组织查找。建立跨部门、跨警种、跨地区打击拐卖犯罪工作机制。民政等有关部门要协助公安机关做好被拐未成年人的调查、取证和解救工作。

（3）帮助流浪未成年人及时回归家庭。救助保护机构和公安机关要综合运用救助保护信息系统、公安人口管理信息系统、全国打拐DNA（脱氧核糖核酸）信息库和向社会发布寻亲公告等方式，及时查找流浪未成年人父母或其他监护人。

对查找到父母或其他监护人的流浪未成年人，救助保护机构要及时安排接送返乡，交通运输、铁道等部门要在购票、进出站、乘车等方面积极协助。流出地救助保护机构应当通知返乡流浪未成年人或其监护人常住户口所在地的乡镇人民政府(街道办事处)做好救助保护和帮扶工作。流出地救助保护机构要对流浪未成年人的家庭监护情况进行调查评估:对确无监护能力的,由救助保护机构协助监护人及时委托其他人员代为监护;对拒不履行监护责任、经反复教育不改的,由救助保护机构向人民法院提出申请撤销其监护人资格,依法另行指定监护人。

对暂时查找不到父母或其他监护人的流浪未成年人,在继续查找的同时,要通过救助保护机构照料、社会福利机构代养、家庭寄养等多种方式予以妥善照顾。对经过两年以上仍查找不到父母或其他监护人的,公安机关要按户籍管理有关法规政策规定为其办理户口登记手续,以便于其就学、就业等正常生活。对在打拐过程中被解救且查找不到父母或其他监护人的婴幼儿,民政部门要将其安置到社会福利机构抚育,公安机关要按规定为其办理户口登记手续。

(4)做好流浪未成年人的教育矫治。救助保护机构要依法承担流浪未成年人的临时监护责任,为其提供文化和法制教育、心理辅导、行为矫治、技能培训等救助保护服务,对合法权益受到侵害的,要协助司法部门依法为其提供法律援助或司法救助。救助保护机构要在教育行政部门指导下帮助流浪未成年人接受义务教育或替代教育,对沾染不良习气的,要通过思想、道德和法制教育,矫治不良习惯,纠正行为偏差;对有严重不良行为的,按照有关规定送专门学校进行矫治和接受教育。对流浪残疾未成年人,卫生、残联等部门要指导救助保护机构对其进行心理疏导、康复训练等。

知识链接

预防未成年人流浪是家庭、学校、政府和社会的共同责任,做好源头预防是解决未成年人流浪问题的治本之策。家庭是预防和制止未成年人流浪的第一责任主体,应当依法履行对未成年人的监护责任和抚养义务。有关部门和基层组织要加强对家庭履行监护责任的指导和监督，对困难家庭予以帮扶，提升家庭抚育和教育能力，帮助其解决实际困难。村（居）民委员会要建立随访制度，对父母或其他监护人不依法履行监护责任或者侵害未成年人权益的，要予以劝诫、制止；情节严重的，要报告公安机关予以训诫，责令其改正；构成违反治安管理行为的，由公安机关依法给予行政处罚。

学校是促进未成年人健康成长的重要阵地，要坚持育人为本、德育为先，加强学生思想道德教育和心理健康辅导，根据学生特点和需要，开展职业教育和技能培训，使学生掌握就业技能，实现稳定就业；对品行有缺点、学习有困难的学生，要进行重点教育帮扶；对家庭经济困难的学生，要按照有关规定给予教育资助和特别关怀。教育行政部门要建立适龄儿童辍学、失学信息通报制度，指导学校做好劝学、返学工作，乡镇人民政府（街道办事处）、村（居）民委员会要积极做好协助工作。

109. 如何界定困境未成年人？

困境未成年人包括因家庭贫困导致生活、就医、就学等困难的未成年人，因自身残疾导致康复、照料、护理和社会融入等困难的未成年人，以及因家庭监护缺失或监护不当遭受虐待、遗弃、意外伤害、不法侵害等导致人身安全受到威胁或侵害的未成年人。

知识链接

困境未成年人包括孤儿、困境儿童、农村留守儿童、流浪未成年人以及部分监护人不履行监护职责或侵害被监护人利益而陷入被遗弃或被虐待困境的未成年人等。简而言之，困境未成年人是未成年人群体中需要得到特殊照顾的群体。

110. 困境未成年人保障的基本原则有哪些？

(1)坚持家庭尽责。强化家庭是抚养、教育、保护未成年人，促进未成年人发展第一责任主体的意识，大力支持家庭提高抚养监护能力，形成有利于困境未成年人健康成长的家庭环境。

(2)坚持政府主导。落实政府责任，积极推动完善保障未成年人权益、促进未成年人发展的相关立法，制定配套政策措施，健全工作机制，统筹各方资源，加快形成困境未成年人保障工作合力。

(3)坚持社会参与。积极孵化培育相关社会组织，动员引导广大企业和志愿服务力量参与困境未成年人保障工作，营造全社会关心关爱困境儿童的良好氛围。

(4)坚持分类保障。针对困境未成年人监护、生活、教育、医疗、康复、服务和安全保护等方面的突出问题，根据困境未成年人自身、家庭情况分类施策，促进困境未成年人健康成长。

知识链接

困境未成年人保障涉及到家庭、政府、企业、志愿服务人员等众多方面，是一项综合性的系统工程。其中，以家庭为主要参与力量，政府为主要领导力量，其他方面如企业等为辅助性力量。没有多方面的合作，困境未成年人保障工作将会成为“无水之源”。

111.困境未成年人分类保障的内容有哪些?

针对困境未成年人生存发展面临的突出问题和困难,完善落实社会救助、社会福利等保障政策,合理拓展保障范围和内容,实现制度有效衔接,形成困境未成年人保障政策合力。困境未成年人分类保障的内容包括以下方面:

(1)保障基本生活。对于无法确定抚养人的儿童,纳入孤儿保障范围。对于无劳动能力、无生活来源、法定抚养人无抚养能力的未满16周岁儿童,纳入特困人员救助供养范围。对于法定抚养人有抚养能力但家庭经济困难的儿童,符合最低生活保障条件的纳入保障范围并适当提高救助水平。对于遭遇突发性、紧迫性、临时性基本生活困难家庭的儿童,按规定实施临时救助时要适当提高对儿童的救助水平。对于其他困境儿童,各地区也要做好基本生活保障工作。

(2)保障基本医疗。对于困难的重病、重残儿童,城乡居民基本医疗保险和大病保险给予适当倾斜,医疗救助对符合条件的未成年人适当提高报销比例和封顶线。落实小儿行为听力测试、儿童听力障碍语言训练等医疗康复项目纳入基本医疗保障范围政策。对于最低生活保障家庭儿童、重度残疾儿童参加城乡居民基本医疗保险的个人缴费部分给予补贴。对于纳入特困人员救助供养范围的儿童参加城乡居民基本医疗保险给予全额资助。加强城乡居民基本医疗保险、大病保险、医疗救助、疾病应急救助和慈善救助的有效衔接,实施好基本公共卫生服务项目,形成困境儿童医疗保障合力。

(3)强化教育保障。对于家庭经济困难儿童,要落实教育资助政策和义务教育阶段“两免一补”政策。对于残疾儿童，要建立随班就读支持保障体系，为其中家庭经济困难的提供包括义务教育、高中阶段教育在内的12年免费教育。对于农业转移人口及其他常住人口随迁子女，要将其义务教育纳入各级政府教育发展规划和财政保障范畴，全面落实在流入地参加升学考试政策和接受中等职业教育免学费政策。支持特殊教育学校、取得办园许可的残疾儿童康复机构和有条件的儿童福利机构开展学前教育。支持儿童福利机构特教班在做好机构内残疾儿童特殊教育的同时，为社会残疾儿童提供特殊教育。完善义务教育控辍保学工作机制，确保困境儿童入学和不失学，依法完成义务教育。

(4)落实监护责任。对于失去父母、查找不到生父母的儿童，纳入孤儿安置渠道，采取亲属抚养、机构养育、家庭寄养和依法收养方式妥善安置。对于父母没有监护能力且无其他监护人的儿童，以及人民法院指定由民政部门担任监护人的儿童，由民政部门设立的儿童福利机构收留抚养。对于儿童生父母或收养关系已成立的养父母不履行监护职责且经公安机关教育不改的，由民政部门设立的儿童福利机构、救助保护机构临时监护，并依法追究生父母、养父母法律责任。对于决定执行行政拘留的被处罚人或采取刑事拘留等限制人身自由刑事强制措施的犯罪嫌疑人，公安机关应当询问其是否有未成年子女需要委托亲属、其他成年人或民政部门设立的儿童福利机构、救助保护机构监护，并协助其联系有关人员或民政部门予以安排。对于服刑人员、强制隔离戒毒人员的缺少监护人的未成年子女，执行机关应当为其委托亲属、其他成年人或民政部门设立的儿童福利机构、救助保护机构监护提供帮助。对于依法收养儿童，民政部门要完善和强化监护人抚养监护能力评估制度，落实妥善抚养监护要求。

(5)加强残疾儿童福利服务。对于0～6岁视力、听力、言语、智力、肢体残疾儿童和孤独症儿童，加快建立康复救助制度，逐步实现免费得到手术、康复辅助器具配置和康复训练等服务。对于社会散居残疾孤儿，纳入“残疾孤儿手术康复明天计划”对象范围。支持儿童福利机构在做好机构内孤残儿童服务的同时，为社会残疾儿童提供替代照料、养育辅导、康复训练等服务。纳入基本公共服务项目的残疾人康复等服务要优先保障残疾儿童需求。

知识链接

困境未成年人分类保障主要针对困境儿童生活、教育、医疗、康复、服务、监护和安全保护等方面的突出问题，制定不同的分类政策，以促进全国困境儿童群体的健康成长，促进社会公平、健康、有序发展。

112. 留守儿童关爱保护的基本原则有哪些？

留守儿童是指父母双方外出务工或一方外出务工另一方无监护能力、不满十六周岁的未成年人。党中央、国务院和民政部门对做好农村留守儿童关爱保护工作高度重视，专门出台了《国务院关于加强农村留守儿童关爱保护工作的意见》等系列文件，对留守儿童的关爱保护工作作出了明确规定。主要内容如下：

(1)坚持家庭尽责。落实家庭监护主体责任，监护人要依法尽责，在家庭发展中首先考虑儿童利益；加强对家庭监护和委托监护的督促指导，确保农村留守儿童得到妥善监护照料、亲情关爱和家庭温暖。

(2)坚持政府主导。把农村留守儿童关爱保护工作作为各级政府重要工作内容，落实县、乡镇人民政府属地责任，强化民政等有关部门的监督指导责任，健全农村留守儿童关爱服务体系和救助保护机制，切实保障农村留守儿童合法权益。

(3)坚持全民关爱。充分发挥村(居)民委员会、群团组织、社会组织、专业社会工作者、志愿者等各方面的积极作用，着力解决农村留守儿童在生活、监护、成长过程中遇到的困难和问题，形成全社会关爱农村留守儿童的良好氛围。

(4)坚持标本兼治。既立足当前，完善政策措施，健全工作机制，着力解决农村留守儿童监护缺失等突出问题；又着眼长远，统筹城乡发展，从根本上解决儿童留守问题。

知识链接

农村留守儿童是未成年人里比较特殊的群体，也是我国经济社会发展中的阶段性问题，是我国城乡发展不均衡、公共服务不均等、社会保障不完善等问题的深刻反映。近年来，各地区、各有关部门积极开展农村留守儿童关爱保护工作，对促进广大农村留守儿童健康成长起到了积极作用，但也存在一些薄弱环节，突出表现在家庭监护缺乏监督指导、关爱服务体系不完善等方面，农村留守儿童关爱保护工作仍然道路漫长。农村留守儿童和其他儿童一样。都是祖国的未来和希望，需要全社会的共同关心。

113. 完善农村留守儿童关爱服务体系的内容有哪些？

(1)强化家庭监护主体责任。父母要依法履行对未成年子女的监护职责和抚养义务。外出务工人员要尽量携带未成年子女共同生活或父母一方留家照料，暂不具备条件的应当委托有监护能力的亲属或其他成年人代为监护，不得让不满十六周岁的儿童脱离监护单独居住生活。外出务工人员要与留守未成年子女常联系、多见面，及时了解掌握他们的生活、学习和心理状况，给予更多亲情关爱。

(2)落实县、乡镇人民政府和村(居)民委员会职责。县级人民政府要切实加强统筹协调和督促检查，结合本地实际制定切实可行的农村留守儿童关爱保护政策措施，认真组织开展关爱保护行动，确保关爱保护工作覆盖本行政区域内所有农村留守儿童。乡镇人民政府(街道办事处)和村(居)民委员会要加强对监护人的法治宣传、监督和指导，督促其履行监护责任，提高监护能力。村(居)民委员会要定期走访、全面排查，及时掌握农村留守儿童的家庭情况、监护情况、就学情况等基本信息，并向乡镇人民政府(街道办事处)报告；要为农村留守儿童通过电话、视频等方式与父母联系提供便利。乡镇人民政府(街道办事处)要明确工作人员负责儿童关爱保护服务工作，工作中一般称为“儿童督导员”；村(居)民委员会要明确由村(居)民委员会委员、大学生村官或专业社会工作者等人员负责儿童关爱保护服务工作，优先安排村(居)民委员会女性委员担任，工作中一般称为“儿童主任”。

(3)加大教育部门和学校关爱保护力度。县级人民政府要完善控辍保学部门协调机制，督促监护人送适龄儿童、少年入学并完成义务教育。教育行政部门要落实免费义务教育和教育资助政策，确保农村留守儿童不因贫困而失学；支持和指导中小学校加强心理健康教育，促进学生心理、人格积极健康发展，及早发现并纠正心理问题和不良行为；中小学校要对农村留守儿童受教育情况实施全程管理，利用电话、家访、家长会等方式加强与家长、受委托监护人的沟通交流，了解农村留守儿童生活情况和思想动态，帮助监护人掌握农村留守儿童学习情况，提升监护人责任意识和教育管理能力。寄宿制学校要完善教职工值班制度，落实学生宿舍安全管理责任，丰富校园文化生活，引导寄宿学生积极参与体育、艺术、社会实践等活动，增强学校教育吸引力。

(4)发挥群团组织关爱服务优势。各级工会、共青团、妇联、残联、关工委等群团组织要发挥自身优势，积极为农村留守儿童提供假期日间照料、课后辅导、心理疏导等关爱服务。

知识链接

关爱农村留守儿童，除了上述方法，还应推动社会各方力量积极参与。如加快孵化培育社会工作专业服务机构、公益慈善类社会组织、志愿服务组织，民政等部门要通过政府购买服务等方式支持其深入城乡社区、学校和家庭，开展农村留守儿童监护指导、心理疏导、行为矫治、社会融入和家庭关系调适等专业服务。与此同时，应发挥社会工作专业人才在农村留守儿童关爱保护中的作用。加强社会工作专业人才培养；积极培育发展社会工作服务机构；推进乡镇（街道）社会工作服务站点建设；加强未成年人保护机构、儿童福利机构、救助管理机构、中小学校、青少年服务机构、妇女儿童服务机构相关单位社会工作专业人才配备使用。

114. 如何建立健全农村留守儿童救助保护机制?

(1)建立强制报告机制。学校、幼儿园、医疗机构、村(居)民委员会、社会工作服务机构、救助管理机构、福利机构及其工作人员，在工作中发现农村留守儿童脱离监护单独居住生活或失踪、监护人丧失监护能力或不履行监护责任、疑似遭受家庭暴力、疑似遭受意外伤害或不法侵害等情况的，应当在第一时间向公安机关报告。负有强制报告责任的单位和人员未履行报告义务的，其上级机关和有关部门要严肃追责。其他公民、社会组织积极向公安机关报告的，应及时给予表扬和奖励。

(2)完善应急处置机制。公安机关要及时受理有关报告，第一时间出警调查，有针对性地采取应急处置措施，强制报告责任人要协助公安机关做好调查和应急处置工作。属于农村留守儿童单独居住生活的，要责令其父母立即返回或确定受委托监护人，并对父母进行训诫；属于监护人丧失监护能力或不履行监护责任的，要联系农村留守儿童父母立即返回或委托其他亲属监护照料；上述两种情形联系不上农村留守儿童父母的，要就近护送至其他近亲属、村(居)民委员会或救助管理机构、福利机构临时监护照料，并协助通知农村留守儿童父母立即返回或重新确定受委托监护人。属于失踪的，要按照儿童失踪快速查找机制及时开展调查。属于遭受家庭暴力的，要依法制止，必要时通知并协助民政部门将其安置到临时庇护场所、救助管理机构或者福利机构实施保护；属于遭受其他不法侵害、意外伤害的，要依法制止侵害行为、实施保护；对于上述两种情形，要按照有关规定调查取证，协助其就医、鉴定伤情，为进一步采取干预措施、依法追究相关法律责任打下基础。公安机关要将相关情况及时通报乡镇人民政府(街道办事处)。

(3)健全评估帮扶机制。乡镇人民政府(街道办事处)接到公安机关通报后，要会同民政部门、公安机关在村(居)民委员会、中小学校、医疗机构以及亲属、社会工作专业服务机构的协助下，对农村留守儿童的安全处境、监护情况、身心健康状况等进行调查评估，有针对性地安排监护指导、医疗救治、心理疏导、行为矫治、法律服务、法律援助等专业服务。

(4)强化监护干预机制。对实施家庭暴力、虐待或遗弃农村留守儿童的父母或受委托监护人，公安机关应当给予批评教育，必要时予以治安管理处罚，情节恶劣构成犯罪的，依法立案侦查。对于监护人将农村留守儿童置于无人监管和照看状态导致其面临危险且经教育不改的，或者拒不履行监护职责六个月以上导致农村留守儿童生活无着落的，或者实施家庭暴力、虐待或遗弃农村留守儿童导致其身心健康严重受损的，其近亲属、村(居)民委员会、县级民政部门等有关人员或者单位要依法向人民法院申请撤销监护人资格，另行指定监护人。

知识链接

做好农村留守儿童关爱保护工作，关系到未成年人健康成长，关系到家庭幸福与社会和谐，关系到全面建成小康社会大局。加强农村留守儿童关爱保护工作、维护未成年人合法权益，是各级政府的重要职责，也是家庭和全社会的共同责任。

115. 如何减少留守儿童现象？

(1)为农民工家庭提供更多帮扶支持。各地要大力推进农民工市民化，为其监护照料未成年子女创造更好条件。公办义务教育学校要普遍对农民工未成年子女开放，要通过政府购买服务等多种方式支持农民工未成年子女接受义务教育；完善和落实符合条件的农民工子女在输入地参加中考、高考政策，尽可能实现教育公平。

(2)壮大县域经济，引导农民工返乡创业就业。各地要大力发展县域经济，落实国务院关于支持农民工返乡创业就业的一系列政策措施。中西部地区要充分发挥比较优势，积极承接东部地区产业转移，加快发展地方优势特色产业，加强基本公共服务，制定和落实财政、金融等优惠扶持政策，落实定向减税和普遍性降费政策，为农民工返乡创业就业提供便利条件，为更多的农民工创造就近就业的工作机会，鼓励外出务工人员回乡创业，让外出务工潮变成回乡创业潮，增加农民的实际收入，减少外出务工人员数量，由此切实减少留守儿童数量。

(3)调整人口管理制度。政府应适时调整人口管理制度，逐步取消户籍差别，并将解决留守儿童问题与城市民工子女入学问题有机地结合起来，实行农民工“市民待遇”，从根本上解决农村留守儿童问题。

(4)积极开展各种留守儿童关爱活动。定期举行夏令营、主题班会、团队活动，举办书画展、演讲比赛、文艺演出等各种活动，使留守儿童生活在欢乐的氛围中，增强学习、生活的自信心。同时开展思想教育、情感教育、独立生活教育和体谅父母教育等，培养留守儿童正确的人生观、价值观。在留守儿童活动中心、学校等设立免费电话，有条件的地方可以设立可视电话，让留守儿童可以定期给父母打电话，听听父母的声音，看看父母的身影，了解彼此的情况，让孩子能随时感受到父母的关爱。

(5)改善留守儿童的寄居环境。绝大多数留守儿童寄居在祖辈家里，由于两代人之间存在着较大差异，教育难度因此提高了很多。所以，首先应从改善学生的寄居环境出发，做好以下三项工作：

①帮助代理监护人树立正确的“家教”观念。通过成立“家长委员会”“家长学校”定期对代理监护人进行专题讲座，召开培训班，使他们了解留守学生的特点，懂得留守学生的心理，以及应注意和改进的问题。

②加强家校联系

A. 通过家访，加强与代理监护人联系。寄居家庭更需要教师上门家访，通过家访，教师帮助代理监护人正确分析寄居学生存在的各种问题，提出教育措施。在平时，学校还应建立家校联系卡制度，要求教师向学生公布电话号码，当学生需要求助而代理监护人又无法提供帮助时，可以通过联系卡或电话跟教师取得联系。

B. 教师应经常与学生远方父母保持联系。教师是代理监护人、学生及学生父母之间的桥梁，当寄居生活严重影响到儿童的心理健康时，教师应及时联系儿童父母，协助解决出现的问题。根据儿童的特点，重新选择寄居家庭，尽一切可能减少寄居儿童的心理障碍，以避免出现更大的伤害。

C. 外出的父母要和代理监护人、孩子经常保持联系。其实，孩子的许多问题都是因为父母不在身边而产生的。因此，学校在每学期要发出“给远方父母的一封信”，告诉他们不应该用一个“忙”字推脱，要经常来信来电。每次来电来信，不能一味地训斥或责骂，而应注重沟通方式，进行耐心询问、了解，帮助孩子解决存在的各种问题，鼓励孩子的每一个进步。父母对孩子最了解，因此父母与代理监护人之间应加强联系，了解各种信息，交流施教方法。

知识链接

留守儿童现象是我国长期存在的社会问题，减少留守儿童现象绝非短时期内就可以完成。除了依靠地方各级政府、家庭、志愿服务团队、相关组织机构外，更多的还得依靠学校。学校应建立留守儿童成长档案，成立留守儿童家园。同时对每个儿童的具体情况进行摸排调查，认真整理档案，对每个学生做到了如指掌。同时，国家也应加大投入力度，给予各项支持政策，让更多的教师投身此项活动，使留守儿童们享受到缺失的父爱和母爱，以保证身心健康发展。

116. 残疾儿童康复救助的对象有哪些?

救助对象为符合条件的0～6岁视力、听力、言语、肢体、智力等残疾儿童和孤独症儿童。包括城乡最低生活保障家庭、建档立卡贫困户家庭的残疾儿童和儿童福利机构收留抚养的残疾儿童;残疾孤儿、纳入特困人员供养范围的残疾儿童;其他经济困难家庭的残疾儿童。其他经济困难家庭的具体认定办法,由县级以上地方人民政府制定。

知识链接

有条件的地区,可扩大残疾儿童康复救助年龄范围,也可放宽对救助对象家庭经济条件的限制,以充分保障残疾儿童康复救助的权利。0～6岁是儿童发展的关键时期,具有抢救性意义,抓住这个关键时期对残疾儿童进行康复救助,对儿童全面发展具有重要意义。

117. 残疾儿童康复救助的内容和标准有哪些?

县级以上地方人民政府根据本地实际确定残疾儿童康复救助基本服务项目和内容,包括以减轻功能障碍、改善功能状况、增强生活自理和社会参与能力为主要目的的手术、辅助器具配置和康复训练等。

县级以上地方人民政府依据本地财力状况、保障对象数量、残疾类别等,分类确定康复救助基本服务项目的经费保障标准,并建立动态调整机制。

知识链接

建立残疾儿童康复救助制度有助于减轻残疾儿童康复费用负担、减少家庭后顾之忧，提高残疾儿童的救助专业水平，为我国的未来建设储备更多健康的“生力军”。

118.残疾儿童康复救助的工作流程有哪些？

（1）申请。残疾儿童监护人向残疾儿童户籍所在地（居住证发放地）县级残联组织提出申请。监护人也可委托他人、社会组织、社会救助经办机构等代为申请。

（2）审核。对于城乡最低生活保障家庭、建档立卡贫困户家庭的残疾儿童和儿童福利机构收留抚养的残疾儿童的救助申请，以及残疾孤儿、纳入特困人员供养范围的残疾儿童的救助申请，由县级残联组织与民政、扶贫部门进行相关信息比对后作出决定；其他经济困难家庭的残疾儿童的救助申请的审核程序，由县级以上地方人民政府规定。

（3）救助。经审核符合条件的，由残疾儿童监护人自主选择定点康复机构接受康复服务。必要时，由地级以上地方残联组织和卫生健康等部门指定的医疗、康复机构做进一步诊断、康复需求评估。定点康复机构由县级以上地方残联组织会同卫生健康、教育、民政等部门按照公开择优原则选择确定。

（4）结算。在定点康复机构接受康复服务发生的费用，经县级残联组织审核后，由同级财政部门与定点康复机构直接结算，结算周期由县级残联组织协同财政部门确定。经县级残联组织审核同意在非定点康复机构接受康复服务发生的费用，由县级残联组织协同财政部门明确结算办法。

知识链接

完善残疾儿童康复救助工作流程有助于提高救助工作效率，提升整体救助水平。残疾儿童康复救助制度已在全国范围内普遍建立并实施，2018 年以来接受康复救助的残疾儿童数量逐年增长，累计 67.6 万人次受益。一个高效健全的救助制度，可以及时有效地救助更多残疾儿童，帮助他们迅速恢复到正常生活的轨道。

119. 组织实施残疾儿童康复救助的措施有哪些？

(1)加强组织领导。残疾儿童康复救助工作实行地方人民政府负责制。地方各级人民政府要将残疾儿童康复救助工作列入重要议事日程，作为政府目标管理和绩效考核重要内容。对不作为、慢作为、乱作为的单位和个人加大行政问责力度，对违纪违法的严肃追究责任。残联组织和教育、民政、人力资源社会保障、卫生健康、市场监管等有关部门要履职尽责、协作配合，加强工作衔接和信息共享，深化“放管服”改革，努力实现“最多跑一次”“一站式结算”，切实提高便民服务水平。

(2)加强能力建设。县级以上人民政府根据本行政区域残疾人数量、分布状况、康复需求等情况，制定康复机构设置规划，举办公益性康复机构，将康复机构设置纳入基本公共服务体系规划，支持社会力量投资康复机构建设，鼓励多种形式举办康复机构。加强康复人才教育培训培养，不断提高康复服务从业人员能力素质。健全多渠道筹资机制，鼓励、引导社会捐赠。

(3)加强综合监管。教育、民政、卫生健康、市场监管等有关部门要协同残联组织完善残疾儿童康复机构管理相关政策,共同做好康复机构监督管理。残联组织要会同有关部门加强定点康复机构准入、退出等监管,建立定期检查、综合评估机制,指导定点康复机构规范内部管理、改善服务质量、加强风险防控,及时查处违法违规行为和安全责任事故,确保残疾儿童人身安全;积极培育和发展康复服务行业协会,发挥行业自律作用。财政、审计等部门要加强对残疾儿童康复救助资金管理使用情况的监督检查,防止发生挤占、挪用、套取等违法违规现象。

(4)加强宣传动员。地方各级人民政府及有关部门要充分运用传统媒体、新媒体等多种手段大力开展残疾儿童康复救助制度政策解读和宣传,使社会各界广泛了解党和政府的爱民之心、惠民之举,帮助残疾儿童监护人准确知晓残疾儿童康复救助制度相关内容,了解基本申请程序和要求。积极引导全社会强化残疾预防和康复意识,关心、支持残疾儿童康复工作,营造良好社会环境。

知识链接

建立残疾儿童康复救助制度,完善残疾儿童康复救助措施,标志着我国残疾儿童康复将逐步实现制度化保障,有助于进一步保障残疾儿童康复权益,有助于织密我国社会保障安全网。同时,建立康复救助制度可以有效减轻残疾儿童家庭的经济、精神负担,有效缓解残疾儿童家庭因残致贫问题。

120. 如何界定事实无人抚养儿童？

事实无人抚养儿童是指父母双方均符合重残、重病、服刑在押、强制隔离戒毒、被执行其他限制人身自由的措施、失联情形之一的儿童；或者父母一方死亡或失踪，另一方符合重残、重病、服刑在押、强制隔离戒毒、被执行其他限制人身自由的措施、失联情形之一的儿童。

重残是指一级二级残疾或三级四级精神、智力残疾；重病由各地根据当地大病、地方病等实际情况确定；失联是指失去联系且未履行监护抚养责任6个月以上；服刑在押、强制隔离戒毒或被执行其他限制人身自由的措施是指期限在6个月以上；死亡是指自然死亡或人民法院宣告死亡，失踪是指人民法院宣告失踪。

知识链接

在认定事实无人抚养儿童中，"父母失联认定"是基层反映较多的突出难题。对此，《关于进一步做好事实无人抚养儿童保障有关工作的通知》提出了三种认定方式：一是先报案，由公安部门接警处置查找，出具查找情况回执单。二是对公安部门难以出警处置查找的，采取"个人承诺＋邻里佐证＋村(居)证实＋乡镇(街道)查验＋民政部门确认"的方式认定。三是对其他复杂情形，采取"一事一议"的方式解决。即村(居)提方案，乡镇(街道)查验，最后由县级儿童保护协调机制研究确定。

121. 事实无人抚养儿童的认定流程有哪些?

(1)申请。事实无人抚养儿童监护人或受监护人委托的近亲属填写《事实无人抚养儿童基本生活补贴申请表》,向儿童户籍所在地乡镇人民政府(街道办事处)提出申请。情况特殊的,可由儿童所在村(居)民委员会提出申请。

(2)查验。乡镇人民政府(街道办事处)受理申请后,应当对事实无人抚养儿童父母重残、重病、服刑在押、强制隔离戒毒、被执行其他限制人身自由的措施、失联以及死亡、失踪等情况进行查验。查验一般采取部门信息比对的方式进行。因档案管理、数据缺失等原因不能通过部门信息比对核实的,可以请事实无人抚养儿童本人或其监护人、亲属协助提供必要补充材料。乡镇人民政府(街道办事处)应当在自收到申请之日起 15 个工作日内作出查验结论。对符合条件的,连同申报材料一并报县级民政部门。对有异议的,可根据工作需要采取入户调查、邻里访问、信函索证、群众评议等方式再次进行核实。为保护儿童隐私,不宜设置公示环节。

(3)确认。县级民政部门应当在自收到申报材料及查验结论之日起 15 个工作日内作出确认。符合条件的,从确认的次月起纳入保障范围,同时将有关信息录入"全国儿童福利信息管理系统"。不符合保障条件的,应当书面说明理由。

(4)终止。规定保障情形发生变化的,事实无人抚养儿童监护人或受委托的亲属、村(居)民委员会应当及时告知乡镇人民政府(街道办事处)。乡镇人民政府(街道办事处)、县级民政部门要加强动态管理,对不再符合规定保障情形的，应当及时终止其保障资格。

知识链接

事实上，各级地方政府关于事实无人抚养儿童的认定流程略有差别。各级地方政府应在遵循中央、国务院相关政策、文件的前提下，根据本地实际情况制定并完善相关流程。例如，市、县两级未成年人救助保护机构对流浪、暂时无人监护等事实无人抚养儿童实施救助，承担临时监护责任。同时，对事实无人抚养儿童不得“一送了之”，简单将其送返家庭，而是要加强与儿童沟通，深入分析其为何流浪，因人施策，提供必要的心理辅导、行为矫治等救助服务，从源头上减少事实无人抚养儿童问题。

参考文献

[1]关信平.社会政策概论(第三版)[M].北京:高等教育出版社,2014.

[2]关信平.社会工作法规与政策(第三版)[M].北京:中国社会出版社,2015.

[3]何洁云,谢万恒.社会工作实践:小组工作[M].香港:香港理工大学应用社会学系,2002.

[4]简春安,邹平仪.社会工作研究法[M].台北:巨流图书有限公司,1998.

[5]苏景辉.社区工作——理论与实务(第二版)[M].台北:巨流图书有限公司,2003.

[6]王思斌.社会工作综合能力(中级)[M].北京:中国社会出版社,2007.

[7]《中华人民共和国未成年人保护法》(2020年最新修订版).

[8]《中华人民共和国预防未成年人犯罪法》(2020年最新修订版).

[9]《中华人民共和国民法典》.